DRAMATIC THEORY IN SPAIN

DRAMATIC THEORY IN SPAIN
EXTRACTS FROM LITERATURE BEFORE AND DURING THE GOLDEN AGE

Edited by

H. J. CHAYTOR, M.A.
Fellow of St Catharine's College, Cambridge

CAMBRIDGE
AT THE UNIVERSITY PRESS
1925

CAMBRIDGE UNIVERSITY PRESS
Cambridge, New York, Melbourne, Madrid, Cape Town,
Singapore, São Paulo, Delhi, Tokyo, Mexico City

Cambridge University Press
The Edinburgh Building, Cambridge CB2 8RU, UK

Published in the United States of America by
Cambridge University Press, New York

www.cambridge.org
Information on this title: www.cambridge.org/9781107655263

First published 1925
First paperback edition 2011

A catalogue record for this publication is available from the British Library

ISBN 978-1-107-65526-3 Paperback

PREFACE

THE purpose of this book is to bring within the reach of students of Spanish literature a number of pieces which are, for the most part, to be found only in rare or expensive editions not readily accessible to the average reader. The pieces selected will show what ideas upon the theory of the drama were current in Spain immediately before and during the *siglo de oro*. The history of dramatic theory after the time of Calderón requires separate treatment. My obligations to other workers in this field have been expressed in the course of the notes and comments.

H. J. C.

October 1925

CONTENTS

INTRODUCTION

A FRENCH diplomatist, who took part in the negotia-
tions for the Peace of the Pyrenees in October
1659, made a tour in Spain when he left the Isle of
Pheasants in the delta of the river Bidassoa, and kept
a diary of his experiences; in December of the same
year he made the following entry, while in Madrid[1]:

L'apresdisnée, luy et monsieur de Barrière, me vinrent
prendre pour aller à une vieille Comédie qu'on avait réjouée
de nouveau, qui ne valait rien, quoy qu'elle fust de D. Pedro
Calderon. J'allay aussi voir cet Auteur qui est le plus grand
Poète et le plus bel esprit qu'ils ayent présentement. Il est
chevalier de l'ordre de saint Jacques et Chapelain de la
chapelle *de los Reyes* à Tolède, mais à sa conversation je vis
bien qu'il ne sçavoit pas grand'chose, quoy qu'il soit deja
tout blanc. Nous disputasmes un peu sur les regles de la
Dramatique, qu'ils ne connoissent pas en ce pays-là, et dont
ils se moquent.

The extracts which compose this book, and others
might be added, will show that our diplomatist's judg-
ment betrays ignorance of the facts. Calderón un-
doubtedly knew the contents of Aristotle's *Poetics* and
the *Ars Poetica* of Horace, works which had been studied
in Spain, even before they were known in France. The
Frenchman's unfavourable verdict was due to the fact
that he was taken to see a type of play with which he
was entirely unfamiliar and was therefore inclined to
condemn. French classical drama appealed to an aristo-
cratic class; in Spain, the verdict upon a play was not

[1] *Journal du Voyage d'Espagne*, Paris, chez Denys Thierry, 1669
(author's name not given), p. 171.

pronounced by a Boileau nor decided in accordance
with pseudo-Aristotelian rules; the all-powerful critic
was some unwashed ruffian with his followers among
the *mosqueteros*, such as the cobbler of whom Madame
d'Aulnoy speaks. Our French diplomatist was aware
of the fact:

Il y a deux lieux ou salles, qu'ils appellent corrales à
Madrid, qui sont toujours pleines de tous les marchands,
et de tous les artisans, qui quittant leur boutique s'en vont
là avec la cappe, l'epée et le poignard, qui s'appellent tous
Cavalleros jusques au *capateros* (*sic*); et ce sont ceux qui
décident si la Comédie est bonne ou non, et à cause qu'ils
la sifflent ou qu'ils l'applaudissent, et qu'ils sont d'un costé
et d'autre en rang, outre que c'est comme une espèce de
salve, on les appellent *Mosqueteros*[1], en sorte que la bonne
fortune des Autheurs dépend d'eux. On m'a conté d'un
de ces Autheurs qui alla trouver un de ces *Mosqueteros*, et
luy offrit cent reales pour estre favorable à sa piece, mais
il répondit fièrement que l'on verroit si elle estoit bonne ou
non; et elle fut sifflée.

In short, the refinement of the upper classes did not,
in Spain, defeat the preferences of the general public;
in this sense, the Spanish theatre can be called national,
and those who wrote for it were more ready to keep an
eye upon the public than upon the unities. Thus

[1] The term is also said to be derived from the fact that this part
of the audience had to stand throughout the performance. The
great popularity of the theatre is attested by another French
traveller in Spain, who says, writing of the Madrid theatres in
1655: "le peuple se frappe si fort de ce divertissement, qu'à peine
y peut-on avoir place. Les plus honorables sont tousjours prises
par avance, et c'est une marque que l'oisiveté est excessive en ce
pays, puisque dans Paris mesme où l'on ne joue pas tous les jours,
on ne voit point tant d'empressement d'aller à la Comédie."
(*Voyage d'Espagne*, par le Sieur François de Montpeillard, Cologne,
1664, p. 30.)

Calderón, at the close of his *Galán Fantasma*, hopes to avert what Figueroa called the "furia mosqueteril."

> Yo, que pasé tantos sustos,
> no quiero de nadie nada,
> sino de los mosqueteros
> el perdón de nuestras faltas.

It must also be remembered that class distinctions in Spain did not produce the social divergencies apparent in France; however strongly the *hidalgo* might insist upon his birthright, he was not above consorting with men of lower origin upon terms which no French aristocrat would have permitted in his dealings with a *roturier*. The attitude of Alfonso towards Pelayo in Lope de Vega's *El Mejor Alcalde el Rey*, or the intercourse of Lope de Figueroa with Crespo in Calderón's *Alcalde de Zalamea*, are typical cases. Spanish audiences expected the same kind of entertainment from the stage that the chivalresque and the picaresque novels provided; they wanted a story with action and a *dénouement*; the portrayal of character was a matter of secondary importance and it is improbable that psychological drama would have exerted any attraction whatever. The story must also respect certain elements inherent in the national consciousness; the militant patriotism which could look back upon a long series of successes, the religious fanaticism which had overthrown the infidel, the respect for family traditions, the *pundonor* and the proper position of woman in society, the taste for bombastic language, sonorous epithets and extravagant similes; these, much rather than Aristotle and the unities, were the considerations which influenced dramatic authors.

The natural consequence is, that dramatic criticism did not hold the high position in Spain that it occupied

in France and in Italy. Nor did Spain ever produce
any outstanding critic; there was no one who spoke
with the authority and influence of Boileau in France
or of Dryden in England. The following extracts will
give an adequate idea of the points in dispute. Others
might be added; but there is not much to be got from
Cascales[1] or from Alfonso López[2], "El Pinciano,"
except Italian criticism more bluntly stated, and Pro-
fessor Saintsbury[3] is justified in demurring to the high
estimate set by Menéndez y Pelayo upon the latter
writer. González de Salas[4] I have not been able to
procure; Menéndez y Pelayo reports him as obscure in
style, though occasionally producing a luminous idea.
But the whole discussion produced no definite result;
it was also, in some cases, actuated as much by personal
reasons as by any interest in artistic canons. The de-
fenders of the *tragicomedia* knew that they were firmly
entrenched behind the approbation of the public, and
their opponents were well aware that their position, if
logically open to attack, was practically impregnable.
No school of dramatic thought was founded, nothing
was learned from experience; and when the drama
degenerated, criticism continued an aimless controversy
of stale and unprofitable catchwords. There is one other
fount of criticism which deserves consideration.

The Church, as might be expected, kept a careful eye
upon the theatre from the earliest times; for one reason,
the drama in Spain, as in other countries, originated in

[1] *Tablas poéticas*, Madrid, 1616.
[2] *Filosofía antigua poética*, Madrid, 1596 (reprinted, Valladolid,
1894).
[3] *History of Criticism*, II, 339, London, 1914.
[4] *Nueva Idea de la Tragedia Antigua*, Madrid, 1633.

ecclesiastical performances, and from these developed a definitely recognised religious type of drama, the *auto sacramental*, which would naturally attract clerical interest. Moreover, as the guardian of public morality, the Church was obliged to watch the proceedings of the secular drama, the earliest productions of which were often characterised by grossness of language and lack of respect for religion. Even the laity were impressed by the need of some control; in 1548, the Cortes of Valladolid petitioned Charles V to prohibit "farsas feas y deshonestas." Controversy[1], however, was not very violent until the time of Lope de Vega, when the theatre became a widely popular means of entertainment and was no longer confined as before to a few large towns. Abuses were inevitable; amid the numbers of dramatic writers were some who were ready to attract audiences by appealing to the baser instincts of mankind; the lives of many actors were far from exemplary, as appears from the *Viaje Entretenido* of Agustín Rojas, and the conditions under which plays were performed, the open *corral*, where the audience behaved much as it liked, were not always conducive to morality. The result was a series of ecclesiastical fulminations, to which the *Cofradías* of the Madrid theatres, who supported their hospitals from the profits of two theatres, offered a somewhat feeble resistance. In 1597, Philip II suspended all theatrical performances in mourning for the death of his daughter, the Duchess of Savoy. This decree was made absolute in the following year, after the king

---

[1] The considerable literature on this subject has been collected and analysed by Don Emilio Cotarelo y Mori in his *Bibliografía de las Controversias sobre la Licitud del Teatro en España*, Madrid, 1904.

had consulted several leaders of the Church; they were supported by a memorial from the dramatist Lupercio Leonardo de Argensola, who sent a memorial to the king upon this question; the style of argument employed will be sufficiently illustrated by the following quotation:

Dice el memorial que se dió en favor de los comediantes que con las comedias se hacen los ignorantes capaces de muchas historias, como si en las comedias no fuese esto antes inconvenientes que provecho; porque no saber las causas de las cosas, y ver los efectos solamente, causa en los entendimientos confusión y fe muy contraria a la verdad, así porque en las comedias por algunos respectos, o metafóricamente fingen cosas que los ignorantes las tienen por parte de la historia y beben mala doctrina, así en las cosas sagradas como en las profanas. Otras veces acaece esto por ser los que hacen las comedias por la mayor parte indoctos, y por variar manjar al gusto del pueblo, añaden a las historias cosas impropísimas, y aun indecentes y mal sonantes, y por callar de comedias divinas que hacen en las cuales, se han oído muchos desatinos. En una que pocos días ha se representaba del casamiento del Serenísimo rey D. Juan, padre del Católico rey D. Fernando, le aplicaban hechos y acciones, no solamente contra la verdad, mas aun contra la dignidad de su persona; y a la Serenísima reina, su mujer, liviandades que en persona de mucha menor calidad fueran reprensibles. Pues la libertad con que en estas comedias se hacen las sátiras a diferentes estados de gentes y naciones, que por fuerza han de engendrar odio contra la española, y más que se les hará creíble que V. M. lo tolera siendo que es en su corte. Demás desto, las palabras sagradas y aun de la oración del Ave Maria y el Kyrie eleyson que usa la iglesia con tanto respeto, las mezclan en canciones deshonestas en los teatros. Pues todas estas cosas ¿cómo pueden pasar sin remedio?

Four months after the promulgation of this decree, Philip II died; Madrid petitioned his successor to remove the prohibition, an attempt supported by

the Portuguese and by the Duke of Lerma, the
favourite of the new king. Eventually another confer-
ence of theologians was summoned by the king and
decided that theatrical performances might be permitted under certain restrictions; the companies of
comedians were to be reduced to four, women were not
to appear on the stage, there was to be a censorship of
plays and a supervisor of theatres. Some of these pro-
visions, at least, soon became inoperative; we find
Cervantes in 1605, in the First Part of *Don Quijote*
(chap. 48), asserting that plays should be examined and
licensed before performance. Until 1644, the theatre
was left undisturbed by further prohibitions; in that
year the revolts in Portugal and Catalonia aroused a
reforming zeal in Philip IV, who issued several ordi-
nances to correct theatrical abuses; the deaths of Queen
Isabel of Bourbon in 1644 and of Prince Baltasar Carlos
in 1646 induced him to close the theatres entirely, with
the loud approval of the Jesuits, the most rigid moralists
of the time. But three years later, an improvement in
the political situation, rejoicings upon the king's mar-
riage with Mariana of Austria, and continual petitions
from all parts of Spain, induced him to remove the
prohibition.

During these years, from the time of Philip II, controversy upon the legitimacy of theatrical performances
had continued. There is little literary criticism and less
of dramatic theory to be found in the numerous writings
of theologians upon the subject, whether they defended
or attacked the theatre. The disputants were almost
exclusively concerned with the moral or ethical point
of view. The presentation of "unwholesome" subjects,
the immoral lives of actors and similar topics are their

main theme, and the artistic value of the drama was not a matter that interested them. At the same time, these disputes were not without effect upon the development of the theatre; they influenced, for instance, a dramatist's choice of subject, quite as much as did the material conditions under which his play would be produced; hence ecclesiastical influence cannot be entirely disregarded when the development of dramatic theory is under consideration.

TORRES NAHARRO

Torres Naharro produced a collection of poetical works under the title *Propaladia* in Naples in 1517, where he appears to have settled after escaping from captivity in Algiers. The *Prohemio* to this book gives the earliest theoretical consideration of the Spanish drama known to us; Juan del Encina wrote an *Arte de la Poesía Castellana*, but in this work he makes no reference to the theatre, though he is known only as a dramatic writer. Torres Naharro begins by defining the difference between comedy and tragedy, and in all essentials abides by the definition of Dante (in his letter to Can Grande) that comedy is distinguished by a happy ending. He regards the division into five acts as necessary, and claims to have introduced the term *jornadas*, suggested by the fact that the interval between the acts may be regarded as a resting-place after a day's journey. The term did not become current until the end of the sixteenth century, when its use was revived by Cristóbal de Virues and Juan de la Cueva in Seville; plays in the sixteenth century were generally divided into *escenas*, not into *actos*, as may be seen in those by Lope de Rueda and Timoneda. Naharro's comedies are preceded by an *Introito* and an *Argumento*, as he explains; the *Introito* had little connection with the play and was generally a speech given by a comic character, asking for the attention of the audience and securing it by some amusing tale or patter. Then followed the *Argumento*, which gave a brief outline of the plot. These introductions were afterwards amalgamated in the *Loa*. Naharro's reference to Italian terms in his plays indicates that they were originally given in Italy; Spanish was commonly spoken by educated Italians in the sixteenth century, and it need not be assumed that his audiences were composed only of Spaniards resident in the Spanish provinces of Italy.

It is not easy to determine the debt of Naharro to the Italian comedy in the present state of our knowledge of the latter. The *Introito* or prologue may have been suggested by the prologues of Plautus and Terence, with whose works Naharro was well acquainted. It may also have been a

c 1

customary part of the Italian comedies of the sixteenth century. It was a necessary introduction to some of the plays, which were so loosely constructed that they would hardly have been intelligible without previous explanation; thus the *Tinellaria* and *Soldadesca* are composed of a series of disconnected scenes with no connecting plot, except the leading character's adventures. The *Tinellaria* provides a picture of "life below stairs" in a cardinal's household, where the chief steward, Barrabás, lords it in the *tinelo* or servants' hall; amid scenes of greed, waste, squabbling and violent language—emitted, upon one occasion, in five different dialects—Barrabás rises from the post of scullion to that of chief administrator. Similarly, the *Soldadesca* gives a sketch of the Spanish swashbuckler, the *matamoros* of Italian comedy. No doubt, Naharro owed something to the *commedie rusticali* both in forming and developing his ideas. At any rate, he was the first Spanish dramatist to provide situations of real human interest and to show any capacity for the drawing of character. Whether his plays were ever performed in Spain is doubtful; but the successive editions of the *Propaladia* show that he was certainly read in his native country.

PROPALADIA

PROHEMIO

. . . .

La orden del libro, pues que ha de ser pasto spiritual, me paresció que se debía ordenar a la usanza de los corporales pastos; conviene a saber, dándoos por antepasto algunas cosillas breves, como son los Capítulos, Epístolas etc.; y por principal cibo las cosas de mayor subjecto, como son las Comedias; y por pospasto ansí mesmo algunas o otras cosillas, como vereis. Cuanto a la principal, que son las Comedias, pienso que debo daros cuenta de lo que cerca dellas me paresce; no con presunción de maestro, mas solamente para serviros con mi parescer, tanto que venga otro mejor. Comedia, segun los antiguos, es *civilis privataeque fortunae, sine periculo vitae, comprehensio*; a diferencia de Tragedia, que es *heroicae fortunae in adversis comprehensio*. Y segun Tulio, Comedia es *imitatio vitae, speculum consuetudinis, imago veritatis*. Y segun Acron, poeta, hay seis géneros de comedias, scilicet: *stataria, pretexta, tabernaria, palliata, togata, motoria*; y cuatro partes, scilicet: *prothesis, catastrophe, prologus, epithasis*; y como Horacio quiere, cinco actos y sobre todo, que sea muy guardo el decoro, etc. Todo lo cual me paresce más largo de contar que necesario de oir. Quiero hora decir yo mi parescer, pues el de los otros he dicho. Y digo ansí: que Comedia no es otra cosa sino un artificio ingenioso de notables y finalmente alegres acontecimientos, por personas disputado. La division della en cinco actos, no solamente me paresce buena, pero mucho necesaria; aunque yo les llamo *jornadas*, porque más me parescen descansaderos que otra cosa. De donde la Comedia queda mejor entendida y rescitada.

El número de las personas que se han de introducir, es mi voto que no deben ser tan pocas que parezca la fiesta sorda, ni tantas que engendren confusión. Aunque en nuestra *Comedia Tinellaria* se introdujeron pasadas veinte personas, porque el subjecto della no quiso menos, el honesto número me paresce que sea de seis hasta doce personas. El decoro en las comedias es como el gobernalle en la nao, el cual el buen cómico siempre debe traer ante los ojos. Es decoro una justa y decente continuación de la materia, conviene a saber: dando a cada uno lo suyo, evitar las cosas impropias, usar de todas las legítimas, de manera que el siervo no diga ni haga actos del señor, *et e converso*; y el lugar triste entristecello, y el alegre alegrallo, con toda la advertencia, diligencia y modo posibles, etc.

De dónde sea dicha Comedia, y por qué, son tantas opiniones, que es una confusión. Cuanto a los géneros de comedias, a mi paresce que bastarían dos para en nuestra lengua castellana: comedia *a noticia*, y comedia *a fantasía*. A noticia, se entiende de cosa nota y vista en realidad de verdad, como son *Soldadesca* y *Tinellaria*. A fantasía, de cosa fantástiga o fingida, que tenga color de verdad aunque no lo sea, como son *Serafina*, *Imenea*, etc. Partes de comedia, ansí mesmo, bastarían dos, scilicet: *introito* y *argumento*. Si más os paresciere que deban ser, ansí de lo uno como de lo otro, licencia se tienen para quitar y poner los discretos. Ansí mesmo hallarán en parte de la obra algunos vocables italianos, especialmente en las comedias, de los cuales convino usar, habiendo respecto al lugar y a las personas a quien se recitaron. Algunos dellos he quitado, otros he dejado andar, que no son para menoscabar nuestra lengua castellana, antes la hacen más copiosa. Como quiera que sea, os suplico de lo que no he sabido usar me perdoneis, y de lo que a vuestro propósito estoviere deis las gracias a Dios; pues que

Est Deus in nobis; et sunt commercia coeli.
Sedibus aetheriis spiritus ille venit.

LUIS ALFONSO DE CARVALLO

CARVALLO'S work, *El Cisne de Apolo, de las excelencias, y dignidad y todo lo que al Arte Poético y versificatorio pertenece*, was published in 1602. The book is now very scarce and the following extract is that given by Schack, *Geschichte der dramatischen Literatur und Kunst in Spanien*, Band III, Nachträge zum ersten Bande, s. 24. The piece is interesting, as showing the sense in which certain technical terms were employed; especially should the remarks upon the meaning of *jornada* be compared with those of Torres Naharro.

Si comprehender quisiesemos todo lo que a la Comedia pertenece, a su traza y orden mucho avría que decir, y sería nunca acabar el querer decir los súbtiles artificios y admirables trazas de las comedias que en nuestra lengua se usan, especialmente las que en nuestro tiempo hacen con tan divina traça, enriquecióndolas de todos los géneros de flores que en la poesia se pueden imaginar. Y por que desta materia será mejor no decir nada que decir poco, solo diré lo que común y generalmente deve tener la comedia, que son tres partes principales en que se divide, las cuales se llaman en Griego Prothesis, Epithasis y Catastrophe, que son como en todas las cosas humanas la ascendencia, existencia y decidencia. Aunque esas son las partes principales que en si tiene la comedia, con todo eso se suele dividir en quatro o cinco jornadas. Pero lo mejor es hazer tres jornadas solamente, una de cada parte de las principales. *Jornada* es nombre Italiano, quiere decir cosa de un dia, porque *giorno* significa al dia. Y tómase por la distinción y mudança que se hace en la comedia de cosas sucedidas en diferentes tiempos y dias, como si queriendo representar la vida de un Santo hiciesemos de la niñez una jornada, de la edad perfecta otra, y otra de la vejez.

La loa o prólogo de la comedia, que otros llaman introito o faraute, a mi opinión no es parte de la comedia, sino distinto y apartado, y asi diré aora lo que del se puede dezir. Al principio de cada comedia sale un personage a procurar y captar la benevolencia y atención del auditorio, y esto haze en una de quatro maneras comendativamente, encomendando la fábula, historia, poeta o autor que la representa. El segundo modo es relativo en el qual se zayere y vitupera el murmurador o se rinde gracias a los benévolos oyentes. El tercero modo es argumentativo, en el qual se declara la historia o fábula que se representa, y éste con razón en España es poco usado, por quitar mucho gusto a la comedia, sabiéndose antes que se represente el sucesso de la historia. Llámase el quarto modo misto por particular de los tres ya dichos, llamáronle introito por entrar al principio: faraute por declarar el argumento, y aora le llaman loa por loar en él la comedia, al auditorio o festividad en que se hace. Mas ya le podremos así llamar, porque han dado los poetas en alabar alguna cosa como el silencio, un número, lo negro, lo pequeño y otras cosas en que se quieren señalar y mostrar sus ingenios, aunque todo deve ir ordenado al fin que yo dixe, que es captar la benevolencia y atención del auditorio.

Auto es lo mismo que comedia, que del nombre latino *acto* se deriva, y llámase propiamente auto cuando ay mucho aparato, invenciones y aparejos, y farsa cuando ay cosas de mucho gusto, aunque se toma comunmente por la propria compañia de los que representan. Al fin comedia se llama escrita, auto representado, y farsa la comunidad de los representantes.

JUAN DE LA CUEVA

JUAN DE LA CUEVA's *Exemplar Poético o Arte Poética Española* is printed in the *Parnaso Español*, por Lopez de Sedano, Madrid, 1774, tomo VIII, p. 58, from which edition the following extract is taken. Juan de la Cueva completed his treatise on poetics in 1606 after he had had a long experience of dramatic writing in Seville, where his fourteen comedies and tragedies (published in 1583 with a second edition in 1588) were performed between 1579 and 1581. He forms a transition point between the old style of drama and the new type of *comedia* created by Lope de Vega, who is not mentioned in his treatise. In it he claims that he was the first to bring kings and gods upon the stage, that he invented the term *jornada*, and that he reduced the usual five acts to four, none of which statements is accurate; as to the number of acts, the *Josephina* of Micael de Carvajal anticipated him in the number of four. But there is no doubt that he popularised the four-act play and also the use of metrical variety within the limits of a single play. Of the Seville dramatists mentioned by him little or nothing is known, and it is impossible to say how far he continued or modified their practice.

One important innovation which he introduced was the use of Spanish legends as dramatic material. The *Tragedia*

de los Siete Infantes de Lara and the *Comedia de la Libertad de
España por Bernardo del Carpio* were, as regards their subject-
matter, novelties to the audiences of the time and an anticipa-
tion of the methods of Lope de Vega. It must, however, be
said that Juan de Cueva's execution was not equal to his con-
ception; his methods of dramatising an epic did not produce
a dramatic whole. He knew nothing of the unities and his
historical plays are loosely constructed, while his characters
are little more than lay figures declaiming monologues. Nor
is he quite clear upon the distinction between tragedy and
comedy.

Si de estas soledades te importunas,
y ya huyendo quieres desviarte
de las montañas, prados y lagunas;
    De ella, si gustas, quiero acompañarte
al *Cómico Teatro* donde veas   5
la fábula ingeniosa recitarte.
    Dirás que ni lo quieres ni deseas,
que no son las Comedias que hacemos
con las que te entretienes y recreas.
    Que ni a Enio ni a Plauto conocemos,   10
ni seguimos su modo ni artificio,
ni de Nevio ni Accio lo hacemos:
    Que es en nosotros un perpetuo vicio
jamás en ellas observar las leyes
ni en persona, ni en tiempo, ni en oficio.   15
    Que en qualquier popular Comedia hay Reyes,
y entre los Reyes el sayal grosero
con la misma igualdad que entre los bueyes.
    A mí me culpan de que fuí el primero
que Reyes y deydades di al tablado,   20
de las Comedias traspasando el fuero:
    Que el un Acto de cinco le he quitado,
que reducí los Actos en Jornadas,
qual vemos que es en nuestro tiempo usado.
    Si no te da cansancio y desagradas   25
de esto, oye qual es el fundamento
de ser las leyes cómicas mudadas.

Y no atribuyas este mudamiento
a que faltó en España ingenio y sabios
que prosiguieran el antiguo intento;   30
Mas siendo dignos de mojar los labios
en el sacro licor Aganipeo
que enturbian Mevios, y corrompen Babios,
Huyendo aquella edad del viejo Ascreo
que al cielo dió y al mundo mil deydades,   35
fantaseadas de él y de Morfeo,
Introdugimos otras novedades,
de los antiguos alterando el uso,
conformes a este tiempo y calidades.
Salimos de aquel término confuso,   40
de aquel caos indigesto a que obligaba
el primero que en práctica les puso.
Huimos la observancia que forzaba
a tratar tantas cosas diferentes
en término de un día que se deba.   45
Ya fueron a estas leyes obedientes
los Sevillanos Cómicos, *Guevara*,
Gutierre de Cetina, *Cozar*, *Fuentes*,
El ingenioso *Ortiz*, aquella rara
musa de nuestro astrífero *Megía*,   50
y del Menandro Bético *Malara*.
Otros muchos que en esta estrecha vía
obedeciendo el uso antiguo fueron
en dar luz a la cómica poesía.

33. *Mevios...Babios.* See Virgil, *Eclogue*, III.
34. *Ascreo.* Hesiod, born at Ascra in Boeotia.
46. Of the names mentioned here, the most important is that of *Megía*, i.e. *Pero Mexía*, known as a historian and writer on natural philosophy; nothing is known of his dramatic writings. *Gutierre de Cetina* is best known as a lyric poet, representative of the Italianising school. *Fuentes* wrote romances. *Juan de Mal Lara*, again, is known as a lyric, not as a dramatic, poet; he kept a school in Seville which enjoyed a great reputation. *Agustín Ortiz* is known for his *Comedia Radiana*, in the style of Gil Vicente. All these belong to the first half of the sixteenth century.

Y aunque alcanzaron tanto, no excedieron 55
de las leyes antiguas que hallaron,
ni aun en una figura se atrevieron;
    Entiéndese que entonces no mudaron
cosa de aquella ancianidad primera
en que los Griegos la Comedia usaron, 60
    O por ser más tratable, o menos fiera
la gente, de más gusto, o mejor trato,
de más sinceridad que en nuestra era.
    Que la fábula fuese sin ornato,
sin artificio, y pobre de argumento, 65
no la escuchaban con desdén ingrato.
    El Pueblo recibía muy contento
tres personas no más en el tablado,
y a las dos solas explicar su intento.
    Un gabán, un pellico y un cayado, 70
un padre, una pastora, un mozo bobo,
un siervo astuto, y un leal criado,
    Era lo que se usaba, sin que el robo
de la Espartana Reyna conociesen,
ni más que el prado ameno, el sauce o pobo. 75
    Tuvo fin esto, y como siempre fuesen
los ingenios creciendo, y mejorando
las artes, y las cosas se estendiesen,
    Fueron las de aquel tiempo desechando,
eligiendo las propias y decentes, 80
que fuesen más al nuestro conformando.
    Esta mudanza fué de hombres prudentes,
aplicando a las nuevas condiciones
nuevas cosas que son las convenientes.
    Considera las varias opiniones, 85
los tiempos, las costumbres que nos hacen
mudar y variar operaciones.
    Estas cosas no sé si te desplacen
por ser contra tu gusto su estrañeza,
aunque en probable egemplo satisfacen. 90
    Oyelas con el ánimo y pureza
que se te ofrecen, que razones justas
con la verdad se templa su aspereza.

Si del sugeto comenzado gustas,
y a él se inclina tu afición dichosa,   95
y con el mío el modo tuyo ajustas,

Confesarás que fue cansada cosa
qualquier Comedia de la edad pasada,
menos trabada y menos ingeniosa.

Señala tú la más aventajada,   100
y no perdones Griegos ni Latinos,
y verás si es razón la mia fundada.

No trato yo de sus Autores dinos
de perpetua alabanza, que estos fueron
estimados con títulos divinos.   105

Ni trato de las cosas que digeron
tan fecundas y llenas de excelencia,
que a la mortal graveza prefirieron.

Del arte, del ingenio, de la ciencia,
en que abundaron con felice copia   110
no trato, pues lo dice la experiencia.

Mas la invención, la gracia, y traza es propia
a la ingeniosa fábula de España,
no qual dicen sus émulos impropia.

Scenas y Actos suple la *maraña*   115
tan intricada y la soltura de ella,
inimitable de ninguna estraña.

Es la más abundante y la más bella
en facetos enredos, y en jocosas
burlas, que darle igual es ofendella.   120

En sucesos de historia son famosas,
en monásticas vidas excelentes,
en afectos de amor maravillosas.

Finalmente los sabios y prudentes
dan a nuestras Comedias la excelencia   125
en artificio y pasos diferentes.

Esto sabido, importa la advertencia
del modo que han de ser, y a que te obliga
el decoro que enseña la experiencia.

---

115. *maraña* is equivalent to *enredo*. So Quevedo uses it,
Buscón, II, ch. 9.

Y para que bien logres tu fatiga, 130
el argumento que eligieres sea
nuevo, y que nadie en tu vulgar lo siga.
Decir lo que otro dijo es cosa fea
en el propio idïoma, aunque se aparte,
si deja rastro o luz por do se vea. 135
Con estrañeza en todo has de mostrarte
admirable, vistiendo las figuras
conforme al tiempo, a la edad, y al arte.
Al viejo avaro embuelto en desventuras,
al mancebo rabiando de celoso, 140
al juglar decir mofas y locuras,
Al siervo sin lealtad y cauteloso,
a la dama amorosa o desabrida,
ya con semblante alegre, ya espantoso;
A la tercera astuta y atrevida, 145
al lisongero embuelto en novedades,
y al rufián dar cédulas de vida.
Los efectos aplica a las edades,
sino es que dando algún egemplo quieras
trocar la edad, oficio y calidades. 150
Entre las cosas que prometen veras
no introduzcas donayres, aunque de ellos
se agrade el pueblo, si otro premio esperas.
Los versos han de ser sueltos, y bellos,
en lengua y propiedad siempre apartado 155
que en la trágica alteza pueden vellos.
Si te agradare pueden ser llegados
al satírico estilo en que tuvieron
por principio los cómicos osados.
Guarda el decoro, que jamas perdieron, 160
en dar conforme al caso que tratares
el estilo y el verso, qual hicieron.
Si a Rey Legado alguno le embiares
diferencia el estilo al ordinario,
que es vicio si a los dos los igualares. 165
No debes ser en esto voluntario,
sino mirallo bien porque es defeto,
y en la Comedia nuestra necesario.

Quando hagas Comedia ve sugeto
al arte y no al Autor que la recita;   170
no pueda el interes más que el sugeto.
    Con el cuidado que es posible evita
que no sea siempre el fin en casamiento,
ni muerte si es Comedia se permita.
    Porque debes tener conocimiento,   175
que es la Comedia un Poema activo,
risueño y hecho para dar contento.
    No se debe turbar con caso esquivo:
aunque el principio sea rencilloso,
el fin sea alegre sin temor nocivo.   180
    La Comedia es retrato del gracioso
y risueño Demócrito, y figura
la Tragedia de Eraclito lloroso.
    Tuvo imperio esta alegre compostura
hasta que Tifis levantó el estilo   185
a la grandeza trágica y dulzura.
    Siguió en nueva invención el propio hilo,
añadiéndole ornatos, y enseñando
a los Farsantes, el discreto Eschílo.
    Desterró el uso prisco, mejorando   190
las personas, haciéndolas honestas,
y a no representar satirizando.
    Y no parando su invención en estas,
sobre el Teatro puso las acciones,
haciéndolas al pueblo manifiestas.   195
    En efecto enseñó a doctos varones
el hacer y saber representallas,
testando las antiguas opiniones.
    De aquella suerte la Tragedia hallas
en que las hizo su inventor primero,   200
aunque algunos osaron mejorallas.
    No traspasando el inviolable fuero
de los Actos y Scenas, y el decoro
de las personas, y el suceso fiero,

185. *Tifis* is presumably Thespis, who precedes Aeschylus in
Horace's *Ars Poetica*, 275; for other classical allusions, see any
classical dictionary.

Sofocles añadió el lloroso coro,   205
lamentando desdichas miserables
entre reales púrpuras y oro.
Fueron en aquel tiempo así agradables,
mas en el nuestro en todo se han mudado
sino es en los sucesos espantables.   210
El Maestro *Malara* fue loado
por que en alguna cosa alteró el uso
antiguo con el nuestro conformado.
En el Teatro mil Tragedias puso
con que dió nueva luz a la rudeza,   215
de ella apartando el término confuso.
Aplica al verso trágico la alteza
épica, y dale lírica dulzura
con afectos süaves sin dureza.
Con epitetos adornar procura   220
tus versos, que al Poeta hermosean,
y al Orador ofenden la escritura.
En la Tragedia alguna vez afean
los sucesos contados de otra suerte,
dando ocasión que la verdad no crean.   225
Y si en este precepto no se advierte,
la historia en que se funda la Tragedia
se ofusca, y de lo cierto se divierte.
De fábula procede la Comedia,
y en ella es la invención licenciosa,   230
qual vemos en *Naharro* y en *Heredia*.
El Cómico no puede usar de cosa
de que el Trágico usó, ni aun solo un nombre
poner, y esta fue ley la más forzosa.
Si quieres que se estime y que se nombre   235
tu musa, y que las musas dignamente
te hagan de mortal inmortal hombre,
Hállete el vulgo siempre diferente
en lenguage, pues hablan los Poetas
en otra lengua que la ruda gente.   240
Procura que tus obras sean secretas
antes que las divulgues, si no quieres
que sean a nuevo poseedor sugetas.

Si te parece que es consejo estraño,
mira el efecto bien, y verás cierto   245
que ni te lisonjeo ni te engaño,
ni cosa agena de verdad te advierto.

LOPE DE VEGA

THE *Arte Nuevo* is considered by Morel-Fatio[1] to belong to the
year 1609; the Academy before which it was read was probably
some literary group formed in imitation of similar societies
in Italy, and meeting under the patronage of some literary
nobleman. It is a half-hearted defence of Lope's dramatic
methods, conceived in a tone of apology, written without
apparent conviction and padded with a deal of second-hand
and unnecessary pedantry, borrowed from Donatus' commentary on Terence and from Francesco Robortello of Udine
(1516–1567), who wrote an explanatory commentary upon
Aristotle's *Poetics* and an analysis of the *Ars Poetica* of Horace,
both printed in one volume at Florence in 1548. Feeble as
the performance is, it represents Lope's ideas upon the
comedia nueva, and is, if only for this reason, an important
document in the history of dramatic theory in Spain.

Lope makes no attempt to discuss the theories of the ancient
world and has very little to say of the theatre in Spain before
his own time. Rueda alone is mentioned. Morel-Fatio notes
the omission of Juan de la Cueva as remarkable, in view of
the fact that he was an immediate predecessor and had done
much to improve dramatic art, and thinks it possible that the
two poets were at variance, as La Cueva had omitted Lope's
name from his *Exemplar Poetico*.

The *Arte Nuevo* is written in *endecasílabos sueltos*, the last
two lines of each paragraph riming. The theoretical and the
practical parts of the treatise do not hang together closely;
the dividing line is 157.

The *Arte Nuevo* has attracted the attention of several

[1] *Bulletin Hispanique*, III, 365 ff. I have followed the editor's
text and have taken much valuable information from his notes.

writers on dramatic theory. Lessing translated part of it in his *Dramaturgie* (ll. 157–180). Corneille's *Discours sur les trois unités* may be compared with parts of the *Arte Nuevo*, e.g. the passage (ll. 188 ff.) concerning the time that a performance should take. There is nothing to show that Corneille had read Lope's treatise, but he knew Robortello. More obvious are coincidences with Victor Hugo's *Préface de Cromwell*; it is not likely that he read or could have read the Spanish original; a French translation was available for his use.

But little is to be learned from Lope's comedies concerning his methods or ideals. The prologue to the *Dorotea* is an unconvincing defence of the prose form of the play and was not written by Lope, but by his friend Francisco López de Aguilar. On the few occasions when Lope gives a definition of the *comedia*, he falls back upon the metaphor of art as holding the mirror up to nature: so at some length in *El Castigo sia Venganza* and in *El Acero de Madrid*:

> No en balde se inventaron las comedias,
> primero en Grecia que en Italia y Roma.
> Allí se ven ejemplos y consejos,
> porque son de la vida los espejos.

ARTE NUEVO DE HAZER COMEDIAS EN ESTE TIEMPO

DIRIGIDO A LA ACADEMIA DE MADRID

Mandanme, ingenios nobles, flor de España,
(que en esta Junta y Academia insigne
en breve tiempo excedereis no solo
a las de Italia, que, envidiando a Grecia
ilustró Ciceron del mismo nombre   5
junto al Averno lago, sino a Athenas,
adonde en su Platonico Lyceo

6. An allusion to Cicero's Puteolanum, where he wrote his *Quaestiones Academicae*.

se vió tan alta junta de Philosophos)
que un arte de comedias os escriva
que al estilo del vulgo se reciba.　　　　　　10
Facil parece este sujeto, y facil
fuera para qualquiera de vosotros
que ha escrito menos dellas, y mas sabe
del arte de escrivirlas, y de todo:
que lo que a mi me daña en esta parte　　　15
es averlas escrito sin el arte.
No porque yo ygnorasse los preceptos:
gracias a Dios, que ya, tyron gramatico,
passé los libros que trataban desto,
antes que huviesse visto al sol diez vezes,　20
discurrir desde el Aries a los Pezes;
Mas porque en fin hallé que las Comedias
estavan en España en aquel tiempo,
no como sus primeros inventores
pensaron que en el mundo se escrivieran,　25
mas como las trataron muchos barbaros
que enseñaron el vulgo a sus rudezas,
y assi se introduxeron de tal modo,
que quien con arte agora las escrive,
muere sin fama y galardon, que puede,　　30
entre los que carecen de su lumbre,
mas que razon y fuerça la costumbre.
Verdad es que yo he escrito algunas vezes
siguiendo el arte que conocen pocos,
mas, luego que salir por otra parte　　　35
veo los monstruos, de apariencias llenos,
adonde acude el vulgo y las mugeres
que este triste exercicio canonizan,

17. At the imperial college of the Jesuits in Madrid.

36. *apariencias.* A technical theatrical term, meaning "machines," mechanical devices for producing illusions. Cervantes (*Don Quijote*, I, 48) refers to the term as though it was a novelty, "aparencia, como ellos llaman." Its place was taken by *tramoya,* apparently of Italian origin; see the use of the term in the extract from Figueroa.

a aquel habito barbaro me buelvo,
y, quando he de escriver una Comedia,   40
encierro los preceptos con seis llaves,
saco a Terencio y Plauto de mi estudio,
para que no me den vozes, que suele
dar gritos la verdad en libros mudos,
y escrivo por el arte que inventaron   45
los que el vulgar aplauso pretendieron;
porque, como las paga el vulgo, es justo
hablarle en necio para darle gusto.
Ya tiene la comedia verdadera
su fin propuesto, como todo genero   50
de poëma, o poësis, y este ha sido
imitar las acciones de los hombres,
y pintar de aquel siglo las costumbres.
Tambien qualquiera imitacion poëtica
se haze de tres cosas, que son platica,   55
verso dulce, armonia, o sea la musica,
que en esto fue comun con la tragedia,
solo diferenciandola en que trata
las acciones humildes y plebeyas,
y la tragedia las reales y altas: 60
¡mirad si ay en las nuestras pocas faltas!
Acto fueron llamadas, porque imitan
las vulgares acciones y negocios.
LOPE DE RUEDA fue en España exemplo
destos preceptos, y oy se veen impressas   65
sus comedias de prosa tan vulgares,
que introduze mecanicos oficios,
y el amor de una hija de un herrero:
de donde se ha quedado la costumbre
de llamar entremeses las comedias   70

62. *Acto*, i.e. *auto*, a term at first applied to any kind of dramatic composition; the restricted religious sense began in the time of Gil Vicente.

68. An allusion to Lope de Rueda's comedy *Armelina*, which deals with the love affairs of Justo, son of the blacksmith Pascual Crespo, and Armelina, the blacksmith's adopted daughter. Rueda's

antiguas, donde está en su fuerça el arte,
siendo una accion, y entre plebeya gente,
porque entremes de rey jamas se ha visto.
Y aqui se vee que el arte, por baxeza
de estilo, vino a estar en tal desprecio,   75
y el rey en la comedia para el necio.
Aristoteles pinta, en su Poëtica
(puesto que escuramente) su principio:
la contienda de Athenas y Megara
sobre qual dellos fue inventor primero: 80
los Megarenses dizen que Epicarmo,
aunque Athenas quisiera que Magnetes.
Elio Donato dize que tuvieron
principio en los antiguos sacrificios;
da por autor de la tragedia Thespis,   85
siguiendo a Horacio que lo mismo afirma,
como de las comedias a Aristofanes.
Homero, a imitacion de la comedia,
la Odissea compuso, mas la Iliada
de la Tragedia fue famoso exemplo,   90
a cuya imitacion llamé epopeya
a mi *Jerusalem*, y añadi *tragica*:
y assi a su Infierno, Purgatorio y Cielo
del celebre poëta Dante Aligero
llaman comedia todos comunmente,   95
y el Maneti en su Prologo lo siente.

plays are entitled *comedias*, *coloquios* and *pasos*; the *paso* was later
known as *entremes*. The most accessible information on this subject
is to be found in the introduction to *Ten Spanish Farces*, ed.
G. T. Northup, D. C. Heath & Co. 1922.

86. Horace, *Ars Poetica*, l. 276.

92. The title is, *Jerusalem Conquistada, epopea tragica*, Madrid,
1609.

96. *Maneti* is apparently Antonio di Tuccio Manetti, a Floren-
tine mathematician and architect (1423–1497), who wrote a *Dialogo
circa al sito, forma et misure dello Inferno di Dante*, published
posthumously in 1506; but he says nothing about the use of the
term *commedia*. Dante himself explains the title of his poem in
the well-known letter to Can Grande, where he states that he calls

Ya todos saben que silencio tuvo,
   por sospechosa, un tiempo la comedia,
   y que de alli nació tambien la satyra,
   que, siendo mas cruel, cessó mas presto,   100
   y dió licencia a la Comedia nueva.
Los coros fueron los primeros, luego
   de las figuras se introduxo el numero:
   pero Menandro, a quien siguió Terencio,
   por enfadosos despreció los coros.   105
Terencio fue mas visto en los preceptos,
   pues que jamas alçó estilo comico
   a la grandeza tragica, que tantos
   reprehendieron por vicioso en Plauto;
   porque en esto Terencio fue mas cauto.   110
Por argumento la tragedia tiene
   la historia, y la comedia el fingimiento:
   por esso fue llamada planipedia
   del argumento humilde, pues la hazia
   sin coturno y teatro el recitante.   115
Huvo comedias paliatas, mimos,
   togatas, atelanas, tabernarias,
   que tambien eran como agora varias,
Con atica elegancia los de Athenas
   reprehendian vicios y costumbres   120
   con las comedias, y a los dos autores
   del verso y de la accion davan sus premios.
Por esso Tulio las llamava "espejo
   de las costumbres, y una viva imagen
   de la verdad," altissimo atributo,   125
   en que corre parejas con la historia:
   ¡mirad si es digna de corona y gloria!
Pero, ya me parece estais diziendo,
   que es traduzir los libros, y cansaros

the work a *commedia* because the style is *humilis* and because the
work begins badly and ends well. Lope cannot have known this
letter, which was not printed until 1700, though it appears to have
been known to some early commentators upon Dante. Lope may
have seen one of these and have confused him with Manetti.

pintaros esta maquina confusa.   130
Creed que ha sido fuerça que os truxesse
a la memoria algunas cosas destas,
porque veais que me pedís que escriva
arte de hacer comedias en España,
donde quanto se escrive es contra el arte,   135
y que dezir como serán agora
contra el antiguo, y que en razon se funda,
es pedir parecer a mi esperiencia,
no el arte, porque el arte verdad dize,
que el ignorante vulgo contradize.   140
Si pedis arte, yo os suplico, ingenios,
que leays al doctissimo Utinense
Robortello, y vereis, *sobre Aristoteles*,
y a parte, en lo que escrive *de comedia*,
quanto por muchos libros ay difuso: 145
que todo lo de agora está confuso.
Si pedis parecer de las que agora
están en possession, y que es forçoso
que el vulgo con sus leyes establezca
la vil chimera deste monstruo comico,   150
diré el que tengo, y perdonad, pues devo
obedecer a quien mandarme puede:
que, dorando el error del vulgo, quiero
deziros de que modo las querria,
ya que seguir el arte no ay remedio,   155
en estos dos estremos dando un medio.
Elijasse el sujeto, y no se mire

137. The text as it stands does not give a satisfactory sense. Two corrections have been proposed. Reading *en que razon se fundan*, we can translate, "believe ... that to tell you how comedies will now be composed contrary to the ancient art and on what principles they are based, this is to demand an opinion from my experience and not from art, etc." *el arte* might be corrected to *al arte*, but the construction is as in l. 141. The other proposal is to remove *y*; "how comedies will now be composed contrary to the ancient art which is based upon reason...."

157. *sujeto.* The usual term for "subject-matter" is *traza*,

(perdonen los preceptos) si es de reyes,
Aunque por esto entiendo que el prudente
Filipo, rey de España y señor nuestro,   160
en viendo un rey en ellas se enfadava,
o fuesse el ver que al arte contradize,
o que la autoridad real no deve
andar fingida entre la humilde plebe.
Esto es bolver a la comedia antigua   165
donde vemos que Plauto puso dioses,
como en su Anfitrïon lo muestra Jupiter.
Sabe Dios que me pesa de aprovarlo,
porque Plutarco, hablando de Menandro,
no siente bien de la comedia antigua.   170
Mas pues del arte vamos tan remotos,
y en España le hazemos mil agravios,
cierren los doctos esta vez los labios.
Lo tragico y lo comico mezclado,
y Terencio con Seneca, aunque sea   175
como otro Minotauro de Pasife,
harán grave una parte, otra ridicula:
que aquesta variedad deleyta mucho;
buen exemplo nos da naturaleza,
que por tal variedad tiene belleza.   180
Adviertase que solo este sujeto
tenga una accion, mirando que la fabula
de ninguna manera sea episodica,
quiero dezir inserta de otras cosas,
que del primero intento se desvien,   185
ni que della se pueda quitar miembro,
que del contexto no derribe el todo.
No ay que advertir que passe en el perïodo

which Lope appears purposely to avoid, using *sujeto, asunto, caso*
instead. Similarly he declines the common term *enredo* for
"intrigue" and uses *conexión* or *enlazar los sucesos*; so also, he pre-
fers *solución* to *soltura* or *desenlace* for "dénouement."
   160. The allusion is not known.
   180. An Italian line, often quoted by Spaniards, the authorship
of which is not known; *Per molto variar natura è bella.*

de un sol, aunque es consejo de Aristoteles,
porque ya le perdimos el respeto,   190
quando mezclamos la sentencia tragica
a la humildad de la baxeza comica.
Passe en el menos tiempo que ser pueda,
sino es quando el poëta escriva historia,
en que ayan de passar algunos años,   195
que estos podrá poner en las distancias
de los dos actos, o si fuere fuerça
hazer algun camino una figura;
cosa que tanto ofende a quien lo entiende;
pero no vaya a verlas quien se ofende.   200
¡O quantos deste tiempo se hazen cruzes
de ver que han de passar años en cosa
que un dia artificial tuvo de termino,
que aun no quisieron darle el matemático!
porque, considerando que la colera   205
de un Español sentado no se templa,
sino le representan en dos horas
hasta el final Juyzio desde el Genesis,
yo hallo que, si alli se ha de dar gusto,
con lo que se consigue es lo mas justo.   210
El sujeto elegido, escriva en prosa,
y en tres actos de tiempo le reparta,
procurando, si puede, en cada uno
no interrumpir el termino del dia.

198. *figura* may mean the part played or the character who
played it.

204. *el matemático.* This is from Robortello; "periodum autem
unius solis, putarim ego referri debere, non ad diem naturalem
vulgo a mathematicis vocatum, sed ad artificialem...."

207. The usual time was two hours and a half, according to
Lope himself. In the *Acero de Madrid*, act III, sc. 10, he says:

> Con invención que pudiera
> Servir en una comedia,
> Adonde solo se entiende
> Lo que el poeta pretende
> Para dos horas y media.

El capitan Virues, insigne ingenio,   215
puso en tres actos la comedia, que antes
andava en quatro, como pies de niño,
que eran entonces niñas las comedias:
y yo las escriví de onze y doze años
de a quatro actos y de a quatro pliegos,   220
porque cada acto un pliego contenia:
y era que entonces en las tres distancias
se hazian tres pequeños entremeses,
y agora apenas uno, y luego un bayle,
aunque el bayle lo es tanto en la comedia,   225
que le aprueva Aristoteles, y tratan
Atheneo, Platon y Xenofonte,
puesto que reprehende el deshonesto,
y por esto se enfada de Calipides,
con que parece imita el coro antiguo.   230
Dividido en dos partes el asunto,
ponga la conexion desde el principio,
hasta que vaya declinando el passo;
pero la solucion no la permita,
hasta que llegue a la postrera scena: 235
porque, en sabiendo el vulgo el fin que tiene,
buelve el rostro a la puerta, y las espaldas

215. *Virues*. This was the captain Cristóbal de Virués, born at Valencia about 1550, several of whose tragedies were printed in 1609. In the prologue to the *Gran Semiramis* he claims to have introduced the division into three acts:

> advierto
> que esta tragedia, con estilo nuevo
> que ella introduze, viene en tres jornadas.

Cervantes made a similar claim in the prologue to his *Comedias* (see p. 35). The change had been tried as early as 1553 by Francisco de Avendaño.

217. The division into four acts is claimed by Juan de la Cueva in his *Exemplar Poético*.

219. None of these four-act pieces have been preserved to us.

225. *lo es tanto* is not clear: the argument is, that the ballet is so suitable in comedy that Aristotle approved it. Compare Ricardo de Turia on the subject, p. 46.

al que esperó tres horas cara a cara:
que no ay mas que saber que en lo que para.
Quede muy pocas vezes el teatro   240
sin persona que hable, porque el vulgo
en aquellas distancias se inquieta
y gran rato la fabula se alarga:
que, fuera de ser esto un grande vicio,
aumenta mayor gracia y artificio.   245
Comience pues, y con lenguaje casto
no gaste pensamientos ni conceptos
en las cosas domesticas, que solo
ha de imitar de dos o tres la platica.
Mas quando la persona que introduze,   250
persüade, aconseja o dissüade,
alli ha de aver sentencias y conceptos,
porque se imita la verdad sin duda,
pues habla un hombre en diferente estilo
del que tiene vulgar, quando aconseja,   255
persüade o aparta alguna cosa.
Diónos exemplo Aristides retorico,
porque quiere que el comico lenguaje
sea puro, claro, facil, y aun añade
que se tome del uso de la gente,   260
haziendo diferencia al que es politico;
porque serán entonces las dicciones
esplendidas, sonoras y adornadas.
No traya la escritura, ni el lenguaje

244–5. The construction is not clear; something is wanting before
aumenta to complete the sense; "apart from the fact that it is a
great defect, the avoidance of it increases etc."

247. *conceptos* in its technical sense, as the Italian *concetti*.

264. *No traya la escritura.* Some editors have understood, "do
not quote scripture and do not outrage the language with etc.,"
making the poet the subject of both verbs. The warning against
Biblical quotations seems pointless and otiose; Morel-Fatio regards
the sentence as one of Lope's loose constructions and understands,
*No traya la escritura vocablos exquisitos ni el lenguaje ofenda con
ellos, escritura* meaning the style of composition.

ofenda con vocablos exquisitos, 265
porque, si ha de imitar a los que hablan,
no ha de ser por Pancayas, por Metauros,
Hipogrifos, Semones y Centauros.
Si hablare el Rey, imite quanto pueda
la gravedad real; si el viejo hablare, 270
procure una modestia sentenciosa:
descriva los amantes con afectos
que muevan con extremo a quien escucha:
los soliloquios pinte de manera
que se transforme todo el recitante, 275
y, con mudarse a sí, mude al oyente.
Preguntese y respondase a sí mismo;
y, si formare quexas, siempre guarde
el devido decoro a las mugeres.
Las damas no desdigan de su nombre; 280
y si mudaren trage, sea de modo
que pueda perdonarse, porque suele
el disfraz varonil agradar mucho.
Guardense de impossibles, porque es maxima
que solo ha de imitar lo verisimil. 285

267. *Pancayas*, see Virgil, *Georgic*, II, 139, and for the other classical allusions, any classical dictionary.

283. *disfraz varonil*. A favourite device, so much so, that police regulations forbade it; "que las mugeres no puedan representar en abito de hombre, sino que lo menos lleven vasquiña o manteo que las cubra hasta los pies." (Ordinance of 1615.) Lope himself, in *Más pueden celos que amor*, seems to admit that the device was overworked and that it did not represent the social facts of the age:

CONDE. ¿Habránse en el mundo visto
mujeres que disfrazadas
hayan hecho estrañas cosas?
MENDOZA. ¿Quién duda que han sido tantas
que han ocupado los libros,
y de la fama las alas?

Instances of the man disguised as a woman are less common. On the use of the beard as a disguise, see Cervantes' Prologue.

El lacayo no trate cosas altas
ni diga los conceptos que hemos visto
en algunas comedias estrangeras.
Y de ninguna suerte la figura
se contradiga en lo que tiene dicho,   290
quiero dezir, se olvide, como en Sofocles
se reprehende no acordarse Edipo
del aver muerto por su mano a Layo.
Rematense las scenas con sentencia,
con donayre, con versos elegantes,   295
de suerte que, al entrarse, el que recita,
no dexe con disgusto el auditorio.
En el acto primero ponga el caso,
en el segundo enlaze los sucessos,
de suerte que hasta el medio del tercero   300
apenas juzgue nadie en lo que para.
Engañe siempre el gusto y donde vea
que se dexa entender alguna cosa,
de muy lejos, de aquello que promete.
Acomode los versos con prudencia   305
a los sujetos de que va tratando.
Las dezimas son buenas para quexas,
El soneto está bien en los que aguardan,
las relaciones piden los romances,
aunque en otavas luzen por estremo,   310
Son los tercetos para cosas graves,
y para las de amor las redondillas.

286. Cervantes objected to the *lacayo retórico* in *Don Quijote*, i, chap. 48. See the justification of the character by Ricardo de Turia, p. 46.

296. *entrarse*, to leave the stage and go into the wings; to come on the stage is *salir*.

307. Lope uses other metrical forms besides those here mentioned. *Endechas*, four-line stanzas in lines of six or seven syllables; *silvas*, alternating lines of seven and eleven syllables, and the hendecasyllable line with rimes following or alternating. On the later preference for the short line in the form of *redondillas*, see the extracts from Figueroa and Carlos Boyl.

LOPE DE VEGA   27

Las figuras retoricas importan,
como repeticion, o anadiplosis:
y, en el principio de los mismos versos,   315
aquellas relaciones de la anafora,
las yronias y adubitaciones,
Apostrofes tambien y esclamaciones.
El engañar con la verdad es cosa
que ha parecido bien, como lo usava   320
en todas sus comedias MIGUEL SANCHEZ,
digno por la invencion desta memoria.
Siempre el hablar equivoco ha tenido
y aquella incertidumbre anfibologica
gran lugar en el vulgo, porque piensa   325
que él solo entiende lo que el otro dize.
Los casos de la honra son mejores,
porque mueven con fuerça a toda gente;
con ellos las acciones virtuosas,
que la virtud es donde quiera amada,   330
pues vemos que, si acaso un recitante
haze un traydor, es tan odioso a todos,
que lo que va a comprar no se lo venden,
y huye el vulgo dél, quando le encuentra;
y, si es leal, le prestan y combidan,   335
y hasta los principales le honran y aman,
le buscan, le regalan y le aclaman.
Tenga cada acto quatro pliegos solos,

321. *Miguel Sanchez* is mentioned by Lope in the *Laurel de Apolo* and also by Cervantes in his Prologue. Two of his plays remain, edited by H. A. Rennert, Boston, 1896. They do not provide examples of the device here mentioned.

327. Juan de la Cueva mentions other popular subjects; see extract, ll. 127 ff.

338. Four "signatures, of four leaves each, of course, in manuscript." These limits might almost be considered as an addition to the three classical unities. Printers so regarded them. The director of a theatre bought a piece from the author—600 to 800 reales was a usual price—and if it was successful and likely to become a stock piece, he would send it to the printer who turned

que doze están medidos con el tiempo
y la paciencia dél que está escuchando.   340
en la parte satyrica no sea
claro ni descubierto, pues que sabe
que por ley se vedaron las comedias
por esta causa en Grecia y en Italia:
pique sin odio, que si acaso infama,   345
ni espere aplauso, ni pretenda fama.
Estos podeis tener por aforismos
los que del arte no tratays antiguo,
que no dá mas lugar agora el tiempo.
pues, lo que les compete a los tres generos   350
del aparato que Vitrubio dize,
toca al autor, como Valerio Maximo,
Pedro Crinito, Horacio en sus Epistolas,
y otros los pintan, con sus lienços y arboles,
cabañas, casas y fingidos marmoles.   355
Los trages nos dixera Julio Pollux,
si fuera necessario, que, en España
es de las cosas barbaras que tiene
la Comedia presente recebidas:
sacar un Turco un cuello de Christiano,   360
y calças atacadas un Romano.
Mas ninguno de todos llamar puedo

it out in pamphlet form as a *suelto*. Twelve of such made a volume
or *parte* of *comedias famosas*. There was no copyright in our sense
of the term and the theatre director might alter the play as he
pleased. Publishers were also agreed that no play should occupy
more than two sheets of double columns, i.e. 32 double column
pages, and cut down any that transgressed this limit. Hence the
defective condition in which many plays have come down to us.
(See Cotarelo y Mori, *Ensayo sobre la vida y obras de D. Pedro
Calderón de la Barca*, Madrid, 1924, p. 115.)

352. *autor*, the manager or producer. The author is *poeta* or
ingenio; the actor, *representante* or *recitante*. See Cervantes, Prologue and *Don Quijote*, I, chap. 48, "los autores que las componen
y los autores que las representan," where *representar* may mean
"to put on the stage," to "produce" as well as to "act."

mas barbaro que yo, pues contra el arte
me atrevo a dar preceptos, y me dexo
llevar de la vulgar corriente, adonde   365
me llaman ignorante Italia y Francia.
Pero ¿qué puedo hazer, si tengo escritas
con una, que he acabado esta semana,
quatrocientas y ochenta y tres Comedias?
porque, fuera de seis, las demas todas   370
pecaron contra el arte gravemente.
Sustento en fin lo que escrivi, y conozco
que, aunque fueran mejor de otra manera,
no tuvieran el gusto que han tenido;
porque a vezes lo que es contra lo justo   375
por la misma razon deleyta el gusto.

Humanae cur sit speculum Comoedia vitae,
   Quaeve ferat juveni commoda, quaeve seni,
Quid praeter lepidosque sales, excultaque verba,
   Et genus eloquii purius inde petas,   380
Quae gravia in mediis occurrant lusibus, et quae
   Iucundis fuerint seria mixta iocis,
Quam sint fallaces servi, quam improba semper,
   Fraudeque et omnigenis foemina plena dolis,
Quam miser, infelix, stultus, et ineptus amator,   385
   Quam vix succedant, quae bene coepta putes.

Oye atento, y del arte no disputes,
   que en la Comedia se hallará de modo,
   que oyendola, se pueda saber todo.

363. Cp. Cervantes, *Don Quijote*, I, chap. 48: "los extrangeros, que con mucha puntualidad guardan las leyes de la comedia, nos tienen por bárbaros e ignorantes."

370. Ticknor says that attempts to identify these pieces have been fruitless; according to him, the *Melindrosa* is the only one that satisfies the "rules." The Spanish public demanded continual variety, and even a successful piece rarely lasted longer than a week. Such a demand and the poor prices paid for plays obliged authors to work at high speed.

CERVANTES

CERVANTES deals with the theory of the drama in chapter 48 of the First Book of *Don Quijote*; as every student of Spanish does or should possess that book, it has not been thought necessary to reprint the passage here. It will be clear from a perusal of the extract given from the *Rufián Dichoso* that the views of Cervantes underwent a considerable change; he there appears as ready to support the principles of the drama as fixed by Lope de Vega's practice, as he is ready to condemn them in *Don Quijote*. A circumstance of some significance is the fact that in the latter passage he refers to the dramas of Argensola, whose memorial against the theatre he must have known; some of the arguments of that memorial (the salient passages are given above; see p. xiv of the Introduction) are also put into the mouth of the Canon, and even a slight resemblance of language is perceptible. The question may therefore be asked, whether the Canon is speaking in character, as representing the ecclesiastical and humanistic point of view, or whether Cervantes himself held the views which the Canon propounds. The date at which the *Rufián Dichoso* was written is apparently unknown; it appeared in the volume of plays which Cervantes published in 1615. If no light is to be gained from chronological arguments, it is at least clear that both Cervantes and Argensola were disappointed dramatists, and were inclined to attribute their failure rather to the debased nature of the public taste than to defects in their own capacities or methods.

I

EL RUFIÁN DICHOSO

(JORNADA SEGUNDA)

Salen dos figuras de ninfas, vestidas bizarramente, cada una con su tarjeta en el brazo; en la una viene escrito CURIOSIDAD, y en la otra COMEDIA.

CURIOS.   ¿Comedia?
COMEDIA.   Curiosidad,
                ¿Qué me quieres?

CURIOS.   Informarme,
Qué es la causa por que dejas
De usar tus antiguos trajes,
Del coturno en las tragedias,
Del zueco en las manüales
Comedias, y de la toga
En las que son principales;
Cómo has reducido a tres
Los cinco actos que sabes
Que un tiempo te componían,
Ilustre, risueña y grave;
Ahora aquí representas
Y al mismo momento en Flandes;
Truecas, sin discurso alguno,
Tiempos, teatros, lugares:
Véote y no te conozco;
Dame de ti nuevas tales
Que te vuelva a conocer,
Pues que soy tu amiga grande.
COMEDIA. Los tiempos mudan las cosas
Y perficionan las artes;
Y añadir a lo inventado,
No es dificultad notable.
Buena fuí pasados tiempos,
Y en éstos, si los mirares,
No soy mala, aunque desdigo
De aquellos preceptos graves,
Que me dieron y dejaron
En sus obras admirables
Séneca, Terencio y Plauto,
Y otros griegos que tú sabes.
He dejado parte dellos,
Y he también guardado parte,
Porque lo quiere así el uso,
Que no se sujeta al arte.
Ya represento mil cosas,
No en relación, como de antes,
Sino en hecho, y así es fuerza

Que haya de mudar lugares.
Que como acontecen ellas
En muy diferentes partes,
Voyme allí donde acontecen:
Disculpa del disparate.
Ya la comedia es un mapa
Donde no un dedo distante
Verás a Londres y a Roma,
A Valladolid y a Gante.
Muy poco importa al oyente
Que yo en un punto me pase
Desde Alemania a Guinea,
Sin del teatro mudarme.
El pensamiento es ligero;
Bien pueden acompañarme
Con él, do quiera que fuere,
Sin perderme ni cansarse.
Yo estaba ahora en Sevilla,
Representando con arte
La vida de un joven loco,
Apasionado de Marte,
Rufián en manos y lengua,
Pero no que se enfrascase
En admirar de perdidas
El trato y ganancia infame.
Fué estudiante y rezador
De salmos penitenciales,
Y el rosario ningún día
Se le pasó sin rezalle.
Su conversión fué en Toledo,
Y no será bien te enfade,
Que contando la verdad,
En Sevilla se relate.
En Toledo se hizo clérigo,
Y aquí en Méjico fué fraile,
A donde el discurso ahora
Nos trujo aquí por el aire.
El sobrenombre de Lugo

Mudó en Cruz, y es bien se llame
Fray Cristóbal de la Cruz
Desde este punto adelante.
A Méjico y a Sevilla
He juntado en un instante,
Zurciendo con la rimera,
Ésta y la tercera parte;
Una de su vida libre,
Otra de su vida grave,
Otra de su santa muerte
Y de sus milagros grandes.
Mal pudiera yo traer,
A estar atenida al arte,
Tanto oyente por las ventas,
Y por tanto mar, sin naves.
Da lugar, Curiosidad;
Que el bendito fraile sale
Con Fray Antonio, un corista
Bueno, pero con donaires.
Fué en el siglo Lagartija,
Y en la religión es sacre,
De cuyo vuelo se espera
Que ha de dar al cielo alcance.

CURIOS.   Aunque no lo quedo en todo,
Quedo satisfecho en parte,
Amiga; por esto quiero,
Sin replicarte, escucharte.

II

PROLOGUE TO THE EIGHT COMEDIES

No puedo dejar (lector carísimo) de suplicarte me perdones, si vieres que en este Prólogo salgo algún tanto de mi acostumbrada modestia; los días pasados me hallé en una conversación de amigos, donde se trató de Comedias, y de las cosas a ellas concernientes; y de tal manera las subtilizaron y atildaron, que a mi parecer

vinieron a quedar en punto de toda perfección; tratóse
también de quién fué el primero que en España las
sacó de mantillas y las puso en toldo y vistió de gala y
apariencia. Yo, como el más viejo que allí estaba, dije
que me acordaba de haber visto representar al gran
Lope de Rueda, varón insigne en la representación, y
en el entendimiento. Fué natural de Sevilla, y de
oficio batihoja, que quiere decir, de los que hacen panes
de oro: fué admirable en la poesía pastoril; y en este
módo ni entonces ni después acá ninguno le ha llevado
ventaja. Y aunque por ser muchacho yo entonces, no
podía hacer juicio firme de la bondad de sus versos, por
algunos que me quedan en la memoria—vistos ahora
en la edad madura que tengo—hallo ser verdad lo que
he dicho: y si no fuera por no salir del propósito de
Prólogo, pusiera aquí algunos que acreditaran esta
verdad. En el tiempo de este célebre Español todos los
aparatos de un autor de Comedias se encerraban en un
costal, y se cifraban en cuatro pellicos blancos guarne-
cidos de guadamecí dorado, y en cuatro barbas y cabel-
leras y cuatro cayados poco más o menos. Las Comedias
eran unos coloquios como Églogas entre dos o tres
pastores y alguna pastora. Aderezábanlas y dilatábanlas
con dos o tres Entremeses, ya de negra, ya de rufián, ya
de bobo, y ya de Vizcaíno, que todas estas cuatro figuras
y otras muchas hacía el tal Lope con la mayor excelencia
y propriedad que pudiera imaginarse. No había en
aquel tiempo tramoyas ni desafíos de Moros y Cris-
tianos a pie ni a caballo. No había figura que saliese o
pareciese salir del centro de la tierra por lo hueco del
teatro, al cual componían cuatro bancos en cuadro y
cuatro o seis tablas encima, con que se levantaba del
suelo cuatro palmos; ni menos bajaban del cielo nubes
con ángeles o con almas. El adorno del teatro era una
manta vieja tirada con dos cuerdas de una parte a otra,
que hacía lo que llaman vestuario, detrás de la cual
estaban los músicos cantando sin guitarra algún Romance antiguo. Murió Lope de Rueda, y por hombre

excelente y famoso le enterraron en la Iglesia mayor de Córdoba (donde murió) entre los dos coros, donde también está enterrado aquel famoso loco Luis López. Sucedió a Lope de Rueda, Naharro, natural de Toledo, el cual fué famoso en hacer la figura de un rufián cobarde. Éste levantó algún tanto más el adorno de las Comedias, y mudó el costal de vestidos en cofres y en baules. Sacó la música, que antes cantaba detrás de la manta, al teatro público; quitó las barbas de los farsantes, que hasta entonces ninguno representaba sin barba postiza, e hizo que todos representasen a cureña rasa si no era los que habían de representar los viejos u otras figuras que pidiesen mudanza de rostro: inventó tramoyas, nubes, truenos y relampágos, desafíos y batallas; pero esto no llegó al sublime punto en que está ahora. Y esto es verdad que no se puede contradecir (y aquí entra el salir yo de los límites de mi llaneza) que se vieron en los teatros de Madrid representar *Los tratos de Argel* que yo compuse, *La destruición de Numancia* y *La Batalla naval*, donde me atreví a reducir las Comedias a tres jornadas de cinco que tenían; mostré o, por mejor decir, fuí el primero que representase las imaginaciónes y los pensamientos escondidos del alma, sacando figuras morales al teatro, con general y gustoso aplauso de los oyentes. Compuse en este tiempo hasta veinte Comedias o treinta que todas ellas se recitaron, sin que se les ofreciese ofrenda de pepinos ni de otra cosa arrojadiza: corrieron su carrera sin silbos, gritas ni barahundas. Tuve otra cosa en que ocuparme: dejé la pluma y las Comedias, y entró luego el monstruo de naturaleza, el gran Lope de Véga, y alzóse con la monarquía cómica; avasalló y puso debajo de su jurisdicción a todos los farsantes, llenó el mundo de Comedias propias, felices y bien razonadas, y tantas que pasan de diez mil pliegos los que tiene escritos; y todas (que es una de las mayores cosas que puede decirse) las ha visto representar, u oído decir, por lo menos, que se han representado; y si algunos (que hay muchos) han querido entrar a la parte

y gloria de sus trabajos, todos juntos no llegan en lo que
han escrito a la mitad de lo que él solo; pero no por
esto (pues no lo concede Dios todo a todos) dejen de
tenerse en precio los trabajos del doctor Ramón, que
fueron los más después de los del gran Lope. Estímense
las trazas artificiosas en todo estremo del licenciado
Miguel Sánchez, la gravedad del doctor Mira de Mescua,
honra singular de nuestra nación, la discreción e in-
numerables conceptos del canónigo Tárraga, la suavidad
y dulzura de don Guillén de Castro, las agudezas de
Aguilar, el rumbo, el tropel, el boato, la grandeza de
las Comedias de Luis Vélez de Guevara, y las que ahora
están en jerga del agudo ingenio de don Antonio de
Galarza, y las que prometen *Las fullerías de Amor* de
Gaspar de Ávila; que todos éstos y otros algunos han
ayudado a llevar esta gran máquina al gran Lope.

Algunos años ha que volví a mi antigua ociosidad, y
pensando que aun duraban los siglos donde corrían mis
alabanzas volví a componer algunas Comedias; pero no
hallé pájaros en los nidos de antaño; quiero decir que
no hallé autor que me las pidiese, puesto que sabían
que las tenía; y así las arrinconé en un cofre, y las con-
sagré y condené al perpetuo silencio. En esta sazón me
dijo un librero que él me las comprara, si un autor de
título no le hubiera dicho que de mi prosa se podía
esperar mucho, pero que del verso nada; y si va a decir
la verdad, cierto que me dió pesadumbre el oírlo, y dije
entre mí: "O yo he mudado en otro, o los tiempos han
mejorado, sucediendo siempre al revés, pues siempre se
alaban los pasados tiempos."

Torné a pasar los ojos por mis comedias y por
algunos entremeses míos que con ellas estaban arrin-
conados, y vi no ser tan malas ni tan malos, que no
mereciesen salir de las tinieblas del ingenio, de aquel
autor a la luz de otros autores menos escrupulosos y
más entendidos. Aburríme y vendíselas al tal librero que
las ha puesto en la estampa, como aquí te las ofrece.
Él me las pagó razonablemente; yo cogí mi dinero con

suavidad sin tener cuenta con dimes ni diretes de recitantes. Querría que fuesen las mejores del mundo o a lo
menos razonables; tú lo veras, lector mío, y si hallares
que tienen alguna cosa buena, en topando a aquel mi
maldiciente autor, dile que se enmiende, pues yo no
ofendo a nadie, y que advierta que no tienen necedades
patentes y descubiertas, y que el verso es el mismo que
piden las comedias, que ha de ser, de los tres estilos, el
ínfimo, y que el lenguaje de los entremeses es el propio
de las figuras que en ellos se introducen. Y que para
enmienda de todo esto le ofrezco una comedia que estoy
componiendo, y la intitulo *El engaño a los ojos*, que, si
no me engaño, le ha de dar contento. Y con esto Dios
te de salud y a mí paciencia.

CÁRLOS BOYL

Lope de Vega was sent into exile from Madrid from 1588
to 1595, two years of which period were to be spent out of
Castile. He passed part of this time in Valencia, and to this
fact is ascribed the origin of the so-called Valencian group
of dramatists, to which the authors of the two following
extracts belonged and of which the most distinguished member
was Guillén de Castro. Cárlos Boyl Vives de Canesmas produced only one piece of any repute, *El Marido asegurado*,
printed in the *Norte de Poesía española*, which formed vol. 1
of the *Dramáticos contemporáneos a Lope de Vega* (published
in Valencia, 1616). To this volume the following extract and
the *Apologético* of Ricardo de Turia formed an introduction.

Boyl regards the normal verse of comedy as the eight
syllable in *coplas* of ten lines (*redondillas*); 100 of these go to
an act (l. 25). His own practice was to use the *quintilla* and
cuarteta; possibly he regarded the *décima* as composed of two
quintillas. Tercets and "stanzas" are to be avoided; by the
latter term he probably meant octaves or *silvas*. He allows
only one sonnet and one romance.

Don Carlos Boyl[1]
a un licenciado que deseava hazer comedias

ROMANCE

Señor licenciado, cure
las cataratas que ciegan
los ojos que en la memoria
dan luz a la inteligencia;
porque, curadas, abive   5
su vigilante Minerva,
si es que desea saber
el arte de hazer comedias.
La comedia es una traça,
que desde que se comiença,   10
hasta el fin, todo es amores,
todo gusto, todo fiestas.
La tragicomedia es
un principio cuya tela
(aunque para en alegrias)   15
en mortal desdicha empieça.
La tragedia es todo Marte,
todo muertes, todo guerras,
que por esso a las desgracias
las suellen llamar tragedias   20
La comedia antiguamente
tenia coros y scenas,
pasos y autos; pero agora
en tres jornadas se encierra,
y cada jornada tiene   25
cien redondillas, aunque estas
son de a diez, porque con esto
ni corta ni larga sea.
De tercetos y de estanças
ha de huir el buen poeta;   30
porque redondillas solo

---

[1] Text of A. Morel-Fatio, *Revue Hispanique*, IV, 55.

admiten hoy las comedias.
Partir una redondilla
con preguntas y respuestas,
a qualquier comedia da   35
muchos grados de excelencia;
puesto que hay poetas hoy
avaros con tantas veras,
que hazen (por no las partir)
toda una copla mal hecha.   40
No le ha de doler borrar
una y otra escrita scena;
que quien algunas no borra
lexos está de la emienda.
Quatro figuras en peso   45
han de llevar su quimera,
porque es de mas artificio
con esto el enredo della.
Hazer la postrer jornada
sin acabar la primera,   50
es señal de que la traça
tiene mucho de perfeta.
Un romance y un soneto
pide solo la que es buena,
lo demas es meter borra   55
para hinchir vasios della.
La propiedad de su enredo
(segun las comicas reglas)
negocio ha de ser que acaso
dentro una casa acontesca.   60
Segunda ni media vez
relatar acaso en ella
lo que se ha dicho al principio,
maraña es de ingenio agena.
El lenguaje el mas castizo,   65
y un pensamiento o sentencia,

45. This is Boyl's interpretation of Horace, *Ars Poetica*, 192,
"nec quarta loqui persona laboret."
64. *maraña*, i.e. *enredo*. See J. de la Cueva, p. 10.

entre quatro redondillas
bien se escucha y mejor suena.
Porque dezir de ordinario,
tras una y otra quimera,   70
uno y otro pensamiento,
cansa al gusto, y no se lleva.
Y en ocasion de apretar
un paso de mas alteza,
no le logra la costumbre   75
cansada de oyr sentencias.
El lacayo, y la fregona,
el escudero y la dueña,
es lo que mas en efeto
a la boz comun se apega.   80
Una letra, en ocasion
de un paso de gran tristeza,
al vulgo mientras se canta
embuelto en silencio eleva.
Salir un comico solo   85
contando una larga arenga,
es ocasion para que
con silvos dentro se buelva.
Que solo quien solo sale,
por no cansar, en tres letras,   90
su razon ha de dezir,
y, si en menos, no lo yerra.
La suspension hasta el fin,
el autor de Clariclea (*sic*)

94. The romance of *Theagenes and Chariclea* by Heliodorus was
a great favourite. Lope several times refers to it, e.g. in the *Noche
de San Juan*:

> No cuenta cosas tan varias
> de Clariquea Heliodoro;
> las de Teagenes passan
> en años, pero las mias
> en una noche.

See Schevill, *The Dramatic Art of Lope de Vega*, University of
California Press, 1918, p. 262, where references to the literature
of the subject are given.

en Teagenes confirma   95
lo que en esto el gusto alienta.
Que conocer al principio
los sucesos del fin della,
ni es de mano artificiosa,
ni es obra de ingenio llena.   100
Algunos por varios modos
amor sin guerras condenan,
y otros guerras sin amor;
i ay de quien tal gusto templa!
Ellas pues havran de ser   105
ni tan bravas ni tan tiernas
que den por uno en lloronas,
y den por otro en sangrientas.
Despues, Licenciado mio,
que estas reglas y artes sepa,   110
un sugeto escogera
que dé nombre a su comedia.
Supuesto al fin que el mayor
de los que el aplauso aprueva,
es ver fingir un traydor   115
un leal, aunque le ofendan;
un perseguido de quien
la persecucion desdeña;
un hombre a quien la fortuna
o le sube, o le atropella;   120
un dadivoso Alexandro,
una Eriphile avarienta,
un cruelissimo Neron,
una piadosa Phedra;
porque destas circunstancias   125
el emphasis que se muestra
suspende, y la suspension
de un cabello al vulgo cuelga.
Luego de otros atributos
al panal de sus colmenas   130
el abeja de su ingenio
pondra en la mas alta esphera.

Letras, loas y entremeses
buscara de mano agena,
porque la propia de todos   135
como propia se condena.
De don Gaspar Mercader,
conde de Buñol, las letras
seran, porque siendo suyas
tendran gracia y seran buenas.   140
Las loas del gran Ferrer
que ha de governar Valencia,
el divino don Luys
doctissimo en todas sciencias.
El verso conceptuoso,   145
y las quintillas perfetas
del culto Ricardo busque,
pero no afecte su estrella.
Y al fin, fin, de espada y capa
dara a las salas comedias,   150
y al teatro para el vulgo
de divinas apariencias.
Estos los compendios son
de las artes de mi escuela;
aprendalos y saldra   155
fino comico cometa.
Ser esto verdad le juro
por las mas que humanas letras
del *arte amandi* de Ovidio,
que assi juran los poetas.   160

133. *Letras*, the text of songs. The writers mentioned in the following lines are all of the Valencian school. Plays are divided into two classes, the comedy of intrigue, for salon audiences, and plays with "machines" and of a religious nature for the popular taste.

148. *estrella*. Ricardo de Turia has been identified with D. Pedro Juan de Rejaule y Toledo, a magistrate of Valencia, who was punished for maladministration, to which fate Boyl here alludes.

APOLOGETICO DE LAS COMEDIAS
ESPANOLAS POR RICARDO DE TURIA[1]

Suelen los muy criticos Trensiacos[2] y Plautistas destos tiempos condenar generalmente todas las comedias que en Espana se hazen y representan, assi por monstruosas en la invencion y disposicion, como impropias en la elocucion, diziendo que la poesia comica no permite introducion de personas graves, como son rreyes, emperadores monarcas y aun pontifices, ni menos el estilo adequado a semejantes interlocutores, porque el que se ciñe dentro de esta esphera es el mas infimo. Como lo vieron los que se acuerdan en España del famoso comico Ganaça[3], que en la primera entrada que hizo en ella robo igualmente el aplauso y dinero de todos; y lo ven agora los que de nuestros Españoles estan en Italia, y aun los que sin desamparar su patria se aplican al estudio de letras humanas en todos los poetas comicos, haziendo mucho donayre de que introduzgan en las comedias un lacayo que en son de gracioso, no solo no se le defienda el mas escondido retrete que bive la dama y aun la rreyna, pero ni el caso que necesita de mas acuerdo, estudio y experiencia, comunicando con el altas razones de estado y secretos lances de amor; assi mesmo de ver los pastores tan entendidos, tan filosofos morales y naturales, como si toda su vida se huvieron criado a los pechos de las universidades mas famosas. Pues, al galan de la comedia (que, quando mucho, en el se retrata un caballero hijo legitimo de la ociosadad y regalo) le pintan tan universal en todas las sciencias, que a ninguna dexa de dar felice alcance. Pues, si

[1] Text of A. Morel-Fatio, *Revue Hispanique*, IV, 47.

[2] *Trensiacos* for *Terenciarcos*, followers of Terence.

[3] *Ganassa*, an Italian actor of the *Commedia dell' arte*, who played Harlequin; he was in Spain in the service of Philip II about 1570 with his theatrical company and made several subsequent visits to Spain; he was a great success and was long remembered.

entramos en el transcurso del tiempo aqui es donde
tienen los mal contentos (cierta secta de discretos que
se usa agora, fundando su doctrina y superior ingenio
en recebir con nauseas y hamagos quanto a su censura
desdichadamente llega) la fortuna por la frente, aqui
es donde con tono mas alto, sin exceptar lugar ni persona, acriminan este delito por mayor que de lesa
Magestad; pues dizen que si la comedia es un espejo
de los sucesos de la vida humana, como quieren qu'en
la primer jornada o acto nasca vno, y en la segunda sea
gallardo mancebo, y en la tercera[1] experimentado viejo,
si todo eso pasa en discurso de dos horas?

Bien pudiera yo responder con algun fundamento y
aun exemplos de los mesmos Apolos, a cuya sombra
descansan muy sosegados estos nuestros fiscales, con
dezir que ninguna comedia de quantas se representan
en España lo es, sino tragicomedia, que es un mixto
formado de lo comico y lo tragico, tomando deste las
personas graves, la accion grande, el terror y la com-
miseracion, y de aquel, el negocio particular, la risa y
los donayres; y nadie tenga por impropiedad esta mixtura, pues no repugna a la naturaleza y al arte poetico
que en una misma fabula concurran personas graves y
humildes. Que tragedia huvo jamas que no tuviese mas
criados y otras personas deste jaez, que personages de
mucha gravedad? Pues si vamos al Aedypo de Sophocles,
hallaremos aquella gallarda mezcla del rey Creonte y
Tyresias, con dos criados que eran pastores del ganado;
y si hechamos mano de la comedia de Aristophanes,
toparemos con la mixtura de hombres y dioses, ciudadanos y villanos, y hasta las bestias introduze que

---

[1] *en la tercera*. So Cervantes, *Don Quijote*, I, chap. 48.
Boileau's line "Enfant au premier acte et barbon au dernier," *Art
Poétique*, III, 39, is apparently from the same source. Ben Jonson,
in the prologue to *Every Man in his Humour*, repeats it:

> To make a child now swaddled, to proceed
> Man, and then shoot up, in one beard and weed,
> Past threescore years.

hablan en sus fabulas; pues si debaxo de un poema puro, como tragedia y comedia, vemos esta mezcla de personas graves con las que no lo son, que mucho que en el mixto como tragicomedia la hallemos? Y los Españoles no han sido inventores deste mixto poema (aunque no perdieran opinion quando lo fueran), que muy antiguo es, y en qualquier dellos ha lucido mas el ingenio del poeta por el grande artificio que incluye en si la mezcla de cosas tan distinctas y varias y la union dellas, no en forma de composicion como algunos han pensado, sino de mixtura.

.   .   .   .

Digo que, sin defender la comedia española, o por mejor decir tragicomedia, con razones philosophicas ni metaphisicas, sino arguyendo *ab effectu*, y sin valerme de los exemplos de otros poetas extrangeros que felizmente han escrito en estilo y forma tragicomica, pienso salir con mi intento. Quando por los Españoles fuera inventado este poema, antes es digno de alabança que de reprehension, dando por constante una maxima que no se puede negar ni cabillar, y es que los que escriven, es a fin de satisfazer el gusto para quien escriven, aunque echen de ver que no van conforme las reglas que pide aquella compostura; y haze mal el que piensa que el dexar de seguillas hace de ignorallas, demas que los comicos de nuestros tiempos tienen tambien provada su intencion en otras obras, que perfetamente han acabado y escrito con otros fines que el de satisfazer a tantos, que no necesitan para eternizar sus nombres de escrivir las comedias con el rigor a que los reduzen estos afectados censores con quien habla mi *Apologia*. Supuesta esta verdad, pregunto que hazaña sera mas dificultosa, la del aprender las reglas y leyes que amaron Plauto y Terencio, y, una vez sabidas, regirse siempre por ellas en sus comedias, o la de seguir cada quinze dias nuevos terminos, y preceptos? Pues es infalible que la natura española pide en las comedias lo que en los trages, que son nuevos usos cada dia. Tanto que el

principe de los poetas comicos de nuestros tiempos, y
aun de los pasados, el famoso, y nunca bien celebrado
Lope de Vega, suele, oyendo assi comedias suyas como
agenas, advertir los pasos que hazen maravilla y gran-
gean aplauso, y aquellos aunque sean impropios imita
en todo, buscandose ocasiones en nuevas comedias, que
como de fuente perenne nacen incesablemente de su
fertilissimo ingenio; y assi con justa razon adquiere el
favor que toda Europa y America le deve y paga glorio-
samente. Porque la colera española esta mejor con la
pintura que con la historia; digolo, porque una tabla o
lienço de una vez ofrece quanto tiene, y la historia se
entrega al entendimiento o memoria con mas dificultad,
pues es al paso de los libros o capitulos en que el autor
la distribuye. Y assi llevados de su naturaleza, querrian
en una comedia no solo ver el nacimiento prodigioso de
un principe, pero las hazañas que prometio tan estraño
principio, hasta ver el fin de sus dias, si gozo de la
gloria que sus heroycos hechos le prometieron. Y assi
mismo en aquel breve termino de dos horas querrian
ver sucesos comicos, tragicos y tragicomicos (dexando
lo que es meramente comico para argumento de los
entremeses que se usan agora), y esto se confirma en
la musica de la misma comedia, pues si comiençan por
un tono grave, luego le quieren no solo alegre y joli,
pero corrido y bullicioso, y aun abivado con saynetes
de bayles y danças que mesclan en ellos.

Pues si esto es assi, y estas comedias no se han de
representar en Grecia, ni en Italia, sino en España, y el
gusto español es deste metal, porque ha de dexar el
poeta sin conseguir su fin, que es el aplauso (primer
precepto de Aristoteles en su Poetica), por seguir las
leyes de los pasados, tan ignorantes algunos que inventaron los prologos y argumentos en las comedias,
no mas de para declarar la traça y maraña dellas, que
sin esta ayuda de costa tan ayunos de entendellas se
salian como entravan? Y la introduction de los lacayos
en las comedias no es porque entiendan que la persona

de un lacayo sea para comunicalle negocios de estado y
de govierno, sino por no multiplicar interlocutores;
porque si a cada principe le huviesen de poner la casa
que su estado pide, ni havria compania, por numerosa
que fuese, que bastase a representar la comedia, ni
menos teatro (aunque fuese un coliseo) de bastante
capacidad a tantas figuras; y assi haze el lacayo las de
todos los criados de aquel principe; y el aplicar donayres
a su papel, es por despertar el gusto, que tal vez es
necesario, pues con lo mucho grave se empalaga muy
facilmente, como se vio en la donosa astucia de que uso
aquel grande orador Demostenes, quando vio la mayor
parte de oyentes rendida al sueno, y, para recordallos
en atencion y aplauso, les conto la novela *de umbra
asini*, y, en cobrandolos, añudo el hilo de su discurso.
Y hazer faciles dueños a los rudos pastores de materias
profundas no desdize de lo que famosos y antiguos
poetas han platicado; y, por evitar proligidad, bolvamos
solo los ojos a la tragicomedia que el laureado poeta
Guarino hizo del *Pastor fido*[1], donde un satiro que introduze (a imitacion de los que en esta figura reprehendian
los vicios de la republica, de donde les quedo nombre
de satiras a los versos mordazes) habla en cosas tan
altas y especulativas, que es el mejor papel de la fabula,
y difine el mismo poeta al satiro, diziendole en boca de
Corisca; *messo homo, messo capra e tutto bestia*. Pues,
obra es del *Pastor fido* y opinion es la del autor de las
primeras que en Italia se celebran. Assi que no esta la
falta en las comedias españoles, sino en los Zoylos[2]
españoles, pareciendoles breve camino y libre de tra-
baxo para conquistar el nombre de discretos la indis-
tincta y ciega murmuracion, y si le preguntays al mas
delicado destos que os señale las partes de que ha de
constar un perfecto poema comico, le sucede lo que
a muchos poetas pintores de hermosuras humanas,

[1] *Pastor fido*, act III, sc. 6: "Mezz 'uomo e mezzo capra e
tutto bestia."
[2] *Zoylos*. See p. 59, note.

pues las atribuyen facciones tan disformes que si el
mas castigado pincel las reduxera a platica, no huviera
inventado demonio tan horrible Gerónimo Boscho[1] en
sus trasnochados diabolicos caprichos.

FIGUEROA

CHRISTÓBAL SUÁREZ DE FIGUEROA[2] was born in Valladolid in or about 1571. He studied in Italy and saw some service
with Spanish troops in that country, returning to his native
town in 1604. He tried his hand at various forms of literature,
translated Guarini's *Pastor Fido* and wrote a pastoral romance,
La Constante Amarilis, which was in fact a *roman à clef* for
those conversant with the high society of the time. Figueroa
was a quarrelsome character, on ill terms with the court and
the leading characters of early seventeenth century literature,
and his acrimonious criticism embroiled him in particular
with the dramatist Alarcón. *El Pasajero*, from which our
extracts are taken, was a means of ventilating long-standing
disgusts and disappointments. The book consists of conver-
sations between four travelling companions who are journey-
ing from Madrid to Barcelona and thence to Italy. The author's
attitude is that of opposition to Lope de Vega and his school:
Figueroa maintains the old distinction between tragedy and
comedy, and points out the inconsistencies of the hybrid *tragicomedia* and its violations of the rules of art.

EL PASAJERO

DON LUIS. En la siesta pasada deprendí el modo de
componer un libro; fáltame por saber ahora el estilo
que tengo de seguir en la comedia.

---

[1] *Gerónimo Boscho* was Jerôme Van Aeken or Jerôme Bosch,
a painter of the grotesque and phantasmagoric, a style much appre-
ciated by Philip II, who had a collection of these pictures.
[2] J. P. Wickersham Crawford, *C. S. de Figueroa*, Publications
of the University of Pennsylvania: series in Romanic Languages
and Literatures, No. 1.

DOCTOR[1]. Ese punto nos diera en qué entender, si el arte tuviera lugar en este siglo. Plauto y Terencio fueran, si vivieran hoy, la burla de los teatros, el escarnio de la plebe, por haber introducido quien presume saber más cierto género de farsa menos culta que gananciosa. Suceso de veinte y cuatro horas, o, cuando mucho, de tres días, había de ser el argumento de cualquier comedia, en quien asentara mejor propiedad y verisimilitud. Introducíanse personas ciudadanas, esto es, comunes; no reyes ni príncipes, con quien se evitan las burlas, por el decoro que se les debe. Ahora consta la comedia (o sea, como quieren, representación) de cierta miscelánea donde se halla de todo. Graceja el lacayo con el señor, teniendo por donaire la desvergüenza. Piérdese el respeto a la honestidad, y rompen las leyes de buenas costumbres el mal ejemplo, la temeridad, la descortesía. Como cuestan tan poco estudio, hacen muchos muchas, sobrando siempre ánimo para más a los más tímidos. Allí, como gozques, gruñen por invidia, ladran por odio y muerden por venganza. Todo charla, paja todo, sin nervio, sin ciencia ni erudición. Sean los escritos hidalgos, esto es, de más calidad que cantidad; que no consiste la opinión de sabio en lo mucho, sino en lo bueno.

Dos caminos tendréis por donde enderezar los pasos cómicos en materia de trazas. Al uno llaman comedia de cuerpo; al otro, de ingenio, o sea de capa y espada. En las de cuerpo, que (sin las de reyes de Hungría o príncipes de Transilvania) suelen ser de vidas de santos, intervienen varias tramoyas o aparencias; singulares añagazas para que reincida el poblacho tres y cuatro veces, con crecido provecho del autor. El que publica con acierto esto que con propiedad se puede llamar espantavillanos, consigue entero crédito de buen convocador, yéndose poco a poco estimando y premiando sus papeles. Pónense las niñeces del santo en primer lugar; luego, sus virtuosas acciones, y en la última

[1] The Doctor in the dialogue is Figueroa himself.

jornada, sus milagros y muerte, con que la comedia viene a cobrar la perfeción que entre ellos se requiere.

DON LUIS. La materia es bonísima para principiantes; pues aunque se yerre la traza y haya descuido én las coplas, no osarán perder el respeto al santo con gritarla, siendo forzoso tener paciencia hasta el fin.

DOCTOR. ¿Cómo paciencia? Dios os libre de la furia mosqueteril, entre quien, si no agrada lo que se representa, no hay cosa segura, sea divina o profana. Pues la plebe de negro no es menos peligrosa desde sus bancos o gradas, ni menos bastecida de instrumentos para el estorbo de la comedia, y su regodeo. ¡Ay de aquella cuyo aplauso nace de carracas, cencerros, ginebras, silvatos, campanillas, capadores, tablillas de San Lázaro, y, sobre todo, de voces y silbos incesables! Todos estos géneros de música infernal resonaron no ha mucho en cierta farsa, llegando la desvergüenza a pedir que saliese a bailar el poeta, a quien llamaban por su nombre.

MAESTRO. ¿Es posible que hubo tan gran desorden, y que se consintió? ¿Tan mala fué? ¿De qué trataba, que tanta inquietud concitó en los circunstantes?

DOCTOR. No fué entendida, ni tuvo nombre señalado, causa de prohijársele muchos de donaire. Digo, pues, que éstas de cuerpo se suelen acertar más fácilmente. Sastre[1] conocí que entre diversas representaciones que compuso, duraron algunas quince ó veinte días.

ISIDRO. Ese fué el que llamaron de Toledo. Sin saber leer ni escribir, iba haciendo coplas hasta por la calle, pidiendo a boticarios, y a otros donde había tintero y pluma, se las notasen en papelitos.

DOCTOR. Con tal ejemplo, bien podían deshacer la

---

[1] Crawford notes (p. 60) that this tailor is mentioned by Don Estevan de Villegas in his 7th *Elegia* and that Quevedo quotes his verses in the *Perinola*, while his name is preserved in some lines of satire in a MS. in the Biblioteca Nacional at Madrid, beginning:

Yo Juan Martinez, oficial de Olmedo,
Por la gracia de Dios poeta sastre....

rueda de su hinchazón los pavones cómicos, considerando cuán poco especulativa sea su ocupación, pues la alcanzan sujetos tan materiales, ingenios tan idiotas. Soy por eso de opinión sea la que habéis de componer de algún varón señalado en virtud. Podréis escogerle a vuestro gusto, leyendo el catálogo de los santos, cuyas vidas escribieron varios autores. Sobre todo, debéis advertir no introduzgáis en el teatro cosas en demasía torpes con fin de que hayan de resultar milagros dellas; porque como los hombres prestan más atención a lo malo que a lo bueno, quédase más impreso en la memoria lo que se oyó de mejor gana; así, en toda ocasión es justo evitar lo indigno como escandaloso. El uso (antes abuso) admite en las comedias de santidad algunos episodios de amores, menos honestos de lo que fuera razón; no sé de qué utilidad sean, sino de estragar el ejemplo y de hacer adulterino y apócrifo lo verdadero. Aplicad toda vigilancia en la seguridad de las tramoyas. Hanse visto desgracias en algunas, que alborotaron con risa el concurso, o quebrándose y cayendo las figuras, o parándose y asiéndose cuando debían correr con más velocidad.

Don Luis. Ruégoos detengáis la vuestra en igual propósito. Así advertís las circunstancias como si del todo estuviérades cierto de mi gusto. Sabed que es diferente del que suponéis; porque de ninguna forma determino sea de santo la que escribiere. Y si bien carecerá del arte terenciana, porque la ignoro, con todo, quisiera no se hallara tan distante de lo verisimil y propio como es anteponer la historia a la fábula, alma de la comedia. Pueden, pues, caer los avisos sobre ígual asunto, ahorrando los que en razón del otro se os iban ofreciendo, ya que de aquéllos, y no déstos, me pienso valer.

Doctor. Alegrado me habéis con el acertado medio de vuestra inclinación. Elegís la parte mejor para la comedia, que es la fábula. Quiere Horacio haya en cualquier obra un cuerpo solo, compuesto de partes

verisímiles. Conviene para que sea uno tenga un contexto perfeto y cabal de cosas imitadas y fingidas. Ser
uno el sujeto y la materia que se trata hace que la
fábula sea también una. Por uno se entenderá lo que
no está mezclado, ni compuesto de cosas diversas; que
aunque se forma este cuerpo de muchas partes, deben
todas mirar a un blanco y estar entre sí tan unidas que,
de la una verisímil o necesariamente se siga la otra.
Pues con la precedencia desto sabréis ser la comedia
imitación dramática de una entera y justa acción,
humilde y suave, que por medio de pasatiempo y risa
limpia el alma de vicios. Ser imitación consta de que
no sería poesía si ésta le faltase. Que sea dramática
veese claro, porque el cómico nunca habla por sí, sino
introduce otros que hablen, y eso suena esta palabra.
La acción, conservando su unidad, no ha de ser simple,
sino compuesta de otras acesorias, que llaman episodios.
Débense ingerir en la principal de tal manera, que
juntas miren a un mismo blanco, y que con la más
digna se terminen todas. Ha de ser entera, esto es,
que conste de principio, medio y fin. Justa, cuanto a
conveniente grandeza. Humilde, cuanto a la acción,
siendo los que constituyen la fábula cómica plebeyos,
o, cuando mucho, ciudadanos, en que también pueden
entrar soldados; por manera que si los que se introducen
son gente común, forzosamente ha de ser el lenguaje
familiar; mas en verso, por la suavidad con que deleita.
De aquí se infiere (escribe un gramático) ser error poner
en la fábula hechos de principales, por no poder inducir
risa, pues forzosamente ha de proceder de hombres
humildes. Los sucesos, porfías y contiendas déstos
mueven contento en los oyentes; no así en las reyertas
de nobles. Si un príncipe es burlado, luego se agravia
y ofende; la ofensa pide venganza; la venganza causa
alborotos y fines desastrados; con que se viene a entrar
en la juridición del trágico. Siendo, pues, éste el fin de
la comedia, su materia será todo acontecimiento apto
y bueno para mover a risa. No puede el cómico abrazar

más que una acción de una persona fatal: persona fatal
se llama la a quien principalmente mira la comedia.
Las otras que la acompañan para ornamento y exten-
sión, habéis de procurar vayan asidas con lazos de lo
verisímil, posible y necesario.
Deseo desembarazarme con brevedad; por eso voy
saltando velozmente, tocando aquí y allí de paso, sin
detenerme como debiera en muchos requisitos. En
razón de costumbres, se deben considerar las condiciones
y propiedades de personas y naciones. Holgara se hal-
laran en vulgar comedias tan bien escritas, que os
ministraran ejemplos para cualquiera de las personas
que se suelen introducir, por no remitiros a las de
Terencio y Plauto. Mas será forzoso os valgáis en esta
parte de vuestro buen juicio y cortesanía, dando a cada
uno el lenguaje y afecto conforme a la edad y ministerio,
sin guiaros por las que se representan en esos teatros,
de quien casi todas son hechas contra razón, contra
naturaleza y arte. Conviene rastrear las calidades de
las naciones, para que se haga dellas verdadera imitación. Caminan las costumbres con la naturaleza del
lugar, produciendo varios países varias naturalezas de
hombres. En una misma nación las suele haber diferentes, según la variedad de los climas.
Fuera de la tragedia, a quien más sirven las sentencias
es a la comedia. Como ésta mira principalmente a las
costumbres y es un espejo de la vida humana, válese
dellas a este fin en muchas ocasiones. Pondréis cuidado
en que no las diga cualquiera de las personas, sino gente
docta y esperta. Las partes cuantitativas de la poesía
scénica son: prólogo, proposición, aumento y mutación.
Sirve el prólogo para preparar el ánimo de los oyentes
a que tengan atención y silencio, o para defender al
autor de alguna calumnia, de algunas faltas que le mur-
muran, o para explicar algunas cosas intricadas, que
podrían impedir la noticia de la fábula. En las farsas
que comúnmente se representan han quitado ya esta
parte, que llamaban loa. Y según de lo poco que servía,

y cuán fuera de propósito era su tenor, anduvieron
acertados. Salía un farandulero, y después de pintar
largamente una nave con borrasca, o la disposición de
un ejército, su acometer y pelear, concluía con pedir
atención y silencio, sin inferirse por ningún caso de lo
uno lo otro. Alégase también ser el prólogo narrativo
contrario a la suspensión, requisito para el común agrado
no poco esencial. En la proposición, o primer acto, se
entabla el argumento de la comedia. En el aumento,
o segundo, crece con diversos enredos y acaecimientos
cuanto puede ser. En la mutación, o tercero, se desata
el nudo de la fábula, con que da fin. Estos tres actos
dividen otros en cinco, y cualquiera, en cinco scenas, y
tal vez más o menos. La persona que representa no
debe salir al teatro más que cinco veces. Tampoco han
de hablar juntamente mas que cinco personas. Horacio
no consiente sino tres, o, cuando mucho, cuatro. Ob-
servaron los cómicos con la experiencia ser confusión
todo lo que no fuere hablar cuatro o cinco.

Los italianos usan en las comedias versos sueltos, ya
enteros, ya rotos; mas, a mi ver, nuestras redondillas son
las más aptas que se pueden hallar, por ser de verso tan
suave como el toscano, si bien, respeto de su brevedad,
recibe poco ornato. Son pocas asimismo las consonancias, lo que no sucede en octava o estancia de canción.

Conozco se pudiera haber escusado este advertimi-
ento, por componerse hoy las farsas en todo género de
verso; mas fué forzoso proponer lo mejor. Sobre todo,
os ruego escuséis la borra de muchos romances, porque
tal vez vi comenzar y concluir con uno la primer jornada.

DON LUIS. Por cierto que habéis andado riguroso
legislador de la comedia. Gentil quebradero de cabeza:
en diez años no aprendiera yo el arte con que decís se
deben escribir; y después, sabe Dios si fuera mi obra
aquel parto ridículo del poeta, o algún nublado que
despidiera piedras y silvos. Lo que pienso hacer es
seguir las pisadas de los cuyas representaciones ad-
quirieron aplauso, escríbanse como se escribieren. Sa-

caré al tablado una dama y un galán, éste con su lacayo gracioso, y aquella con su criada, que le sirva de requiebro. No me podrá faltar un amigo del enamorado, que tenga una hermana, con que dar celos en ocasión de riñas. Haré que venga un soldado de Italia y se enamore de la señora que hace el primer papel. Por dar picón al querido, favorecerá en público al recién llegado. En viéndolo, vomitará bravuras el celoso. Andarán las quejas con el amigo, y pondréle en punto de perder el seso, y aun quizá le remataré del todo, de forma que diga sentencias amorosas á su propósito; y aquí por ningún caso se podrá escusar un desafío. Al sacar las espadas los meterán en paz los que los van siguiendo, avisados del lacayo, que se deshará con muestras de valentías cobardes. El padre del ofendido hará diligencias por divertirle de aquella afición; que, aunque muy honrada, ha de ser pobre la querida. Para esto tratará casarle con la hermana del amigo, y efetuaráse el desposorio sin comunicarle con las partes: no más que dando noticia con algunas vislumbres, bastantes para que lo lleguen a saber los interesados. En tiempo de tantas veras, quitaránse los amantes las máscaras, y descubrirán ser fingido el favor hecho al forastero. Así, cuando entiendan los padres tener ya conclusión el matrimonio tratado, remanecerán casados los que riñeron. El padre tomará el cielo con las manos; mas, al fin, se aplacará con ruegos de los circunstantes. Convendrá, pues, ahora consolar a los que intervinieron en la representación, desta manera. Descubriráse ser el soldado hermano del novio, que desde muy pequeño se fué a la guerra. Haránse grandes alegrías, y éste se juntará en matrimonio con la hermana del amigo: digamos, con la que ha de ser repudiada. Inhumanidad sería que éstos, gozosos por tales acontecimientos, careciesen de una hermana con quien poder acomodar al amigo. Pues el gracioso y la criada, de suyo se están casados: con esto acabará la comedia.

MAESTRO. Gracia particular habéis tenido. En un

jeme de tierra, sin amonestaciones, cuajastes cuatro casamientos. Advertid, con todo, que habéis dejado de introducir una figura, no poco importante, que es el vejete o escudero, natural enemigo del lacayo.

DON LUIS. ¡Bueno fuera que se me quedara en el tintero tan donosa circunstancia! Pondré particular cuidado en sacarle a menudo a motejarse con su contendor. Preciaráse el viejo de muy hidalgo, por cuyo respeto y por su mala catadura tendrá el gracioso larga materia para los apodos, honrándole el escudero también con los títulos de almohazador, de cobarde y vinolento. Yo espero guisar todo esto de manera, que cause mucha delectación y regocijo. En cuanto al hablar, gentil modo de meternos en pretina con número tan corto: si las demandas o respuestas pasaran entre más de cuatro o cinco, si los versos han de ser en quintillas o no. Ciento haré que hablen si fuere menester; que al paso que subiere de punto la trápala, crecerá en los oyentes la cantidad de la risa. Cinco o seis romances por ningún caso los dejaré de poner; pues ¿por qué no cincuenta tercetos? Los sonetos no serán mas que siete, colocados á trechos. En alguna descripción, ¿no es forzoso que entre la magnificencia de algunas octavas? ¿Debo por ventura escusar diez ó veinte liras amorosas, y más si las introduzgo en soliloquio? ¿Podré, aunque quiera, excluir el privilegio y comodidad de las rimas sueltas, con quien como con prosa se explican fácilmente cualesquier concetos, libres de peligrosas consonancias? En suma, no me apartaré del estilo que siguen todos. Sin duda tenéis (si bien no en virtud de muchos años) adquirido ya mucho de viejo (perdonadme, que esto y más permite la amistad), cuya condición de buena gana vitupera las cosas presentes, alaba las pasadas y reprehende con demasía a los mancebos. El mundo está ya aficionado a este género de composición; con él se solaza y ríe: ¿qué podemos hacer los pocos contra tantos? ¿Será bien arrimar el pecho a tan furioso raudal de gustos?

Doctor. No, por cierto, sino dejarse llevar de la corriente. Mas siendo ésta vuestra intención, ¿para qué hacerme gastar tiempo y palabras en lo de que no os puede resultar provecho, por no usarlo? Allá os lo habed; que de mi parte cumplí con rendirme a vuestra instancia, dando satisfación a la aparencias de vuestro gusto.

TIRSO DE MOLINA

Tirso de Molina was of Lope de Vega's school, and a defender of the new comedy, as will be seen in the extract from *Los Cigarrales*. His general view of comedy as holding the mirror up to nature is expressed in the *Vergonzoso en Palacio*, the play the production of which provoked the discussion which forms the subject of our extract from *Los Cigarrales*. Doña Serafina speaks as follows:

En la comedia, los ojos,
¿no se deleitan y ven
mil cosas que hacen que estén
olvidados sus enojos?
La música, ¿no recrea
el oído y el discreto
no gusta allí del conceto
y la traza que desea?
Para el alegre, ¿no hay risa?
Para el triste, ¿no hay tristeza?
Para el agudo, ¿agudeza?
Allí el necio ¿no se avisa?
El ignorante ¿no sabe?
¿No hay guerra para el valiente,
consejos para el prudente,
y autoridad para el grave?
Moros hay, si quieres moros;
si apetecen tus deseos
torneos, te hacen torneos;
si toros, correrán toros.
¿Quieres ver los epitetos
que de la comedia he hallado?
De la vida es un traslado,

sustento de los discretos,
dama del entendimiento,
de los sentidos banquete,
de los gustos ramillete,
esfera del pensamiento,
olvido de los agravios,
manjar de diversos precios,
que mata de hambre a los necios
y satisface a los sabios.

LOS CIGARRALES DE TOLEDO[1]

Con la apacible suspensión de la referida comedia,
la propiedad de los recitantes, las galas de las personas
y la diversidad de sucesos se les hizo el tiempo tan corto
que, con haberse gastado cerca de tres horas, no hallaron
otra falta sino la brevedad de su discurso. Esto en los
oyentes desapasionados y que asistían allí más para
recrear el alma con el poético entretenimiento que para
censurarle. Que los zánganos de la miel, que ellos no
saben labrar y hurtan á las artificiosas abejas, no pudi-
eron dejar de hacer de las suyas; y con murmuradores
susurros pican en los deleitosos panales del ingenio.
Quién dijo que era demasiadamente larga y quién impropia. Pedante hubo historial que afirmó merecer
castigo el poeta que, contra la verdad de los anales
portugueses, había hecho pastor al duque de Coimbra[2],

---

[1] This extract from *Los Cigarrales* has been printed by A. Morel-
Fatio in the *Bulletin Hispanique*, IV, 40. I have followed the text
of D. Emilio Cotarelo y Mori in his edition of Tirso's comedies
(Madrid, 1906, *Nueva Biblioteca de Autores españoles*, I, p. xxix).
Several passages have been omitted.

[2] *al duque de Coimbra*. The insult to the family of Aveiro con-
sisted not merely in the representation of the conduct of the
daughters, Da. Magdalena and Da. Serafina (afterwards mentioned). The dukes of Aveiro were descended from a D. Jorge of
Portugal, son of King Joáo II, who received the title of Duke of
Coimbra, borne formerly by the D. Pedro of the comedy. At the
time when this piece was published, the family of Aveiro held a high
position at the Spanish court and may have been affronted by the
lack of deference shown to their name. The first Duke of Coimbra,

D. Pedro, siendo así que murió en una batalla que el rey D. Alonso, su sobrino, le dió, sin que le quedase hijo sucesor en ofensa de la casa de Avero y su Duque, cuyas hijas pintó tan desenvueltas que, contra las leyes de su honestidad, hicieron teatro de su poco recato la inmunidad de su jardín. Como si la licencia de Apolo se estrechase a la recolección histórica y no pudiese fabricar sobre cimientos de personas verdaderas arquitecturas del ingenio fingidas.

No faltaron protectores del ausente poeta, que volviendo por su honra concluyesen los argumentos Zoilos[1], si pueden entendimientos contumaces, Narcisos de sus mismos pareceres y discretos, más por las censuras que dan en los trabajos ajenos que por lo que se desvelan en los propios, convencerse.

Entre los muchos desaciertos, dijo un *presumido natural de Toledo* (que le negara la filiación de buena gana si no fuera porque entre tantos hijos sabios y bien intencionados que ilustran su benigno clima no era mucho saliese un aborto malicioso), el que más me acaba la paciencia es ver cuán licenciosamente salió el poeta de los límites y leyes con que los primeros inventores de la comedia dieron ingenioso principio a este poema; pues, siendo así que éste ha de ser una acción, cuyo principio, medio y fin acaezca, a lo más largo, en veinticuatro horas, sin movernos de un lugar, nos ha encajado mes y medio, por lo menos, de sucesos amorosos; pues aun en este término parece imposible pudiese dis-

D. Pedro, died, as the *pedante historial* says, in the battle of Alfarrobeira (May 20, 1449), fighting against his nephew Affonso; but he left two sons, one of whom, the Constable D. Pedro, became famous. (Note by Morel-Fatio.)

[1] *los argumentos Zoilos.* Tirso is inclined to abuse this construction which places two substantives together, one qualifying the other; it is a Latinism, as *juvenes anni, princeps locus.* Zoilus is the typical hypercritic; he was a grammarian of Amphipolis, 259 B.C., and is said to have been executed by Ptolemy Philadelphus for his severe criticisms of Homer.

ponerse una dama ilustre y discreta a querer tan ciega-
mente a un pastor, hacerle su secretario, declararle por
enigmas su voluntad y, últimamente, arriesgar su fama
a la arrojada determinación de un hombre tan humilde
que, en la opinión de entrambos, el mayor blasón de
su linaje eran unas abarcas, su solar una cabaña y sus
vasallos un pobre hato de cabras y bueyes. Dejo de
impugnar la ignorancia de Dª. Serafina, pintada, en lo
demás, tan avisada que, enamorándose de su mismo
retrato, sin más certidumbre de su original, que lo que
D. Antonio la dijo, se dispusiese a una bajeza indigna,
aun de la más plebeya hermosura, como fué admitir a
escuras a quien pudiera con la luz de una vela dejar
castigado y corrido. Fuera de que no sé yo por qué ha
de tener nombre de comedia la que introduce sus personas entre duques y condes, siendo así que las que
más grandes se permiten en semejantes acciones no
pasan de ciudadanos patricios y damas de mediana
condición.

Iba a proseguir el malicioso arguyente, cuando, ata-
jándole D. Alejo (que por ser la fiesta a su contempla-
ción, le pareció tocarle el defenderla) le respondió.
Poca razón habéis tenido....La comedia presente ha
guardado las leyes de lo que ahora se usa; y a mi
parecer, conformándome con el de los que sin pasión
sienten, el lugar que merecen las que ahora se representan en nuestra España, comparadas con las antiguas,
les hacen conocidas ventajas, aunque vayan contra el
instituto primero de sus inventores. Porque si aquéllos
establecieron que una comedia no representase sino la
acción que moralmente puede suceder en veinticuatro
horas, ¿cuánto mayor inconveniente será que en tan
breve tiempo un galán discreto se enamore de una dama
cuerda, le solicite, regale y festeje y que, sin pasar
siquiera un día, la obligue y disponga de suerte sus
amores que, comenzando a pretender por la mañana,
se case con ella a la noche? ¿Qué lugar tiene para
fundar celos, encarecer desesperaciones, consolarse con

esperanzas y pintar los demás afectos y accidentes sin
los cuales el amoroso es de ninguna estima? ¿Ni cómo
se podrá preciar un amante de firme si no pasan algunos
días, meses y aun años en que haga prueba de su con-
stancia?

Estos inconvenientes mayores son en el juicio de
cualquier mediano entendimiento que él que se sigue
de que los oyentes, sin levantarse de un lugar, vean y
oigan cosas sucedidas en muchos días; pues ansí como
él que lee una historia en breves planas, sin pasar
muchas horas se informa de casos sucedidos en largos
tiempos y distintos lugares, la comedia, que es una
imagen y representación su argumento es fuerza que,
cuando le toma de los sucesos de dos amantes, retrate
al vivo lo que les pudo acaecer; y, no siendo esto vero-
simil en un día, tiene obligación de fingir pasar los
necesarios para que la tal acción sea perfeta; que no en
vano se llamó la poesia pintura viva, pues imitando a
la muerta, ésta, en el breve espacio de vara y media de
lienzo, pinta lejos y distancias que persuaden a la vista
a lo que significan; y no es justo que se niegue la licencia,
que conceden al pincel, a la pluma, siendo ésta tanto
más significativa que esotro....

Y si me arguís que a los primeros inventores debemos
los que profesamos sus facultades guardar sus preceptos,
pena de ser tenidos por ambiciosos y poco agradecidos
a la luz que nos dieron para proseguir sus habilidades,
os respondo que, aunque a los tales se les debe la venera-
ción de haber salido con la dificultad que tienen todas
las cosas en sus principios; con todo eso, es cierto que
aun añadiendo perfecciones a su invención (cosa que
puesto que fácil, necesaria) es fuerza que quedándose
la substancia en pie, se muden los accidentes, mejor-
ándolos con la experiencia. ¡Bueno sería que, porque
el primer músico sacó de la consonancia de los martillos
en la yunque la diferencia de los agudos y graves y al
armonía música, hubieren los que agora la profesan de
andar cargados de los instrumentos de Vulcano; y

mereciesen castigo, en vez de alabanza, los que a la harpa fueron añadiendo cuerdas y, vituperando lo superfluo y inútil de la antiguedad la dejaron en la perfección que agora vemos!

Esta diferencia hay de la naturaleza al arte; que lo que aquélla desde su creación constituyó no se puede variar; y así siempre el peral producirá peras y la encina su grosero fruto; y con todo eso, la diversidad del terruño y la diferente influencia del cielo y clima a que están sujetos, las saca muchas veces de su misma especie y casi constituye en otras diversas....

Pues en lo artificial, cuyo ser consiste sólo en la mudable imposición de los hombres, puede el uso mudar en los trajes y oficios hasta la sustancia y en lo natural se producen por medio de los ingertos cada día diferentes frutos, ¿qué mucho que la comedia, a imitación de entrambas cosas, varíe las leyes de sus antepasados y ingiera industriosamente lo trágico con lo cómico, sacando una mezcla apacible de estos dos encontrados poemas; y que, participando de entrambos, introduzga ya personas graves, como la una y ya jocosas y ridículas como la otra?

Además que si el ser tan excelentes en Grecia, Esquilo y Enio[1] (*sic*) como entre los latinos Séneca y Terencio, bastó para establecer las leyes tan defendidas de sus profesores, la excelencia de nuestra española Vega, honra de Manzanares, Tulio de Castilla y Fénix de nuestra nación, los hace tan conocidas ventajas en entrambas materias, ansí en la cuantidad como en la cualidad de sus nunca bien conocidos, aunque bien envidiados y mal mordidos estudios, que la autoridad con que se les adelanta es suficiente para derogar sus estatutos. Y habiendo él puesto la comedia en la perfección y sutileza

---

[1] *Enio.* Tirso must have known that Ennius was a Latin poet. With Aeschylus he might have coupled Euripides, and if he wrote the name in abbreviated form, a copyist might have converted it to "Enio."

que ahora tiene, basta para hacer escuela de por sí; y
para que, los que nos preciamos de sus discípulos, nos
tengamos por dichosos de tal maestro, y defendamos
constantemente su doctrina contra quien con pasión la
impugnare. Que si él, en muchas partes de sus escritos,
dice que el no guardar el arte antiguo, lo hace por con-
formarse con el gusto de la plebe, que nunca consintió
el freno de las leyes, y preceptos, dícelo por su natural
modestia; y porque no atribuya la malicia ignorante a
arrogancia lo que es política perfección.

For EU product safety concerns, contact us at Calle de José Abascal, 56–1°, 28003 Madrid, Spain or eugpsr@cambridge.org.

 www.ingramcontent.com/pod-product-compliance
Ingram Content Group UK Ltd.
Pitfield, Milton Keynes, MK11 3LW, UK
UKHW012334130625
459647UK00009B/272